美の日本

「もののあはれ」から「かわいい」まで

伊藤氏貴

明治大学出版会

はじめに——百五十年前のクールジャパン

「クールジャパン」ということばが人の口の端にのぼるようになったのは、ちょうど世紀の変わった頃のことだった。二〇〇二年に、ダグラス・マグレイが使ったのがはじめとされるが[*1]、以来またたく間に浸透し、定着した。これが数年で消え去るたんなる流行語に終わらなかったのは、上からの強力な後押しがあったからである。

まず二〇一〇年、経済産業省製造産業局に「クール・ジャパン室」が設置され、第一回の「クール・ジャパン 官民有識者会議」が開催された。二年後には担当大臣が置かれ、さらに翌二〇一三年には官民ファンドの「クールジャパン機構」設立、二〇一五年には、第一回「クールジャパン戦略推進会議」が開かれている。見てのとおり、はじめの頃は「クール」と「ジャパン」のあいだにナカグロ（・）があったが、しだいに「クールジャパン」とあたかも一単語であるかのような扱いをすることで、キャッチフレーズ化が図られている。

お上の「クールジャパン政策」を、株式会社である「クールジャパン機構」が実行にうつすという、まさに官民一体となっての一大キャンペーンが繰り広げられているが、このような大々的な〈日本〉宣伝運動はなにもこれが初めてのことではない。百年以上前にも、「日本的なるもの」を官と民とが挙《こぞ》って世界に売り出そうとしたことがあった。

日本人がはじめて万国博覧会に接したのは一八六二（文久二）年のことで、この第二回ロンドン万博には日本として正式な出展はなかったものの、福地源一郎や福沢諭吉を含む使節団が幕府から派遣された。彼らは会場で、イギリスの初代駐日総領事オールコックが個人で集め、出品した日本の工藝品、とりわけ漆器や刀剣がヨーロッパの人々に感銘を与えるのを目にすることになる。

それで、次の一八六七（慶応三）年の第二回パリ万国博覧会には、幕府、薩摩藩、佐賀藩がそれぞれ競うように出展したところ、伝統工藝品が非常な評判を呼び、その次の一八七三（明治六）年ウィーン万博では明治新政府の主導の下に日本美術・工藝路線が強力に推進された。一三〇〇坪ほどの敷地に日本庭園が築かれ、神社や神楽堂や反り橋まで設けられた。また産業館には浮世絵や精緻な工藝品が並べられ、博覧会終了後には、展示品のみならず、日本庭園の建物から庭木、庭石まですべて残らず売れてしまうほどの盛況となった。

この成功の陰には、お雇い外国人ワグネルの指導があった。たかだか十年ほど前、一八五四（嘉永七）年にペリーが二度目に来航した際には、力士を見せて武張った日本をアピールしようとしたが、こちらはあまり評判芳しからず、方針転換を図ったのだ。万博ではイギリス人オールコックやドイツ人ワグネルの眼を通じて〈日本〉が選別されていたわけだが、この人気を支えたのは、それ以前からフランスを中心に広がっていたジャポニスムであった。当時の政府は、異邦人の視点によってはじめて自国の「宝」を発見し、それを外へ向かって売り出そうとしたのだった。

その点で、このたびの「クールジャパン」戦略は、明治を正確になぞっていると言える。浮世絵など庶民の娯楽と半ば見下していたものが海外で高い評価を得ていることを知り、翻って自己の認識を改める。現在の漫画やアニメに関する事情と全く変わらない。鑑識眼が突然に具《そな》わるというはずもなく、あくまでそれが外貨獲得の重要な手段となることに気づき、価値意識を変えたのだ。

たとえば、二〇一五年度の日本の放送コンテンツを海外輸出額で見れば、総額二八八億五千万円のうち、アニメが占める額は二〇三億八千万円。およそ八割にも及ぶ圧倒的な数字である。これが海外の〈日本〉イメージの形成に大きく寄与していることに疑問の余地はない。

しかし、そこでの〈日本〉、つまり人が「日本」ということばから思い浮かべるイメージは一体どういうものか。その〈日本〉が日本なのか。内部で文化として醸成されてきた〈日本〉と、外部から期待されるイメージとしての〈日本〉、そして商品としての価値を高めることだけに関心を持つ者たちの〈日本〉の間になんらか共通の像が結ばれているのだろうか。

もちろん、外部の目を意識すること自体は決して悪いことではない。反省とは他者の目を通じたものでなければまるで意味をなさない。しかし、積極的に海外向けの〈日本〉を売り出そうというときに、それがわれわれ自身の認識とあまりにずれていれば、後になって両者の擦り合わせに苦しい思いをするのはわれわれ自身の方である。もしくは、海外向けの〈日本〉イメージに既にわれわれ自身が無自覚のうちに取り込まれてしまっているのかもしれない。いずれにせよ、相手に擦り寄るばかりでは自分を省みるどころか見失ってしまう。「サムライ」や「クールジャパン」にそのきらいはないだろうか。

また、そうまでして相手のイメージに擦り寄ったとしても、いつまでもその評価が維持できるかはわからない。実際、十九世紀後半の日本ブームの波はほどなく去り、万博を通じた〈日本〉宣伝戦略は進路転換を迫られることになった。漫画やアニメが同じ道を辿らないとは言えない。

しかも、明治の場合は、美術や工藝の人気が廃れても、それに代わって工業品という新たな売り物があったが、現在、漫画・アニメに代わるなにがあるのかと言われればはなはだ心許ない。そもそも「クールジャパン」とは、工業大国としての地位を新興国によって脅かされるなかで、渡りに船とばかりに西洋から差し出されたものだった。ある意味ではその点も幕末・明治のときと似ているとも言える。あのときも〈日本〉は危機に晒《さら》されていた。

万国博覧会とは、当時の日本人にとって、物見遊山気分で出かける見本市などではなく、出展を通じて自らの存亡をすら賭けた一種の戦場であった。日本が初出展した第二回パリ万博では、舞台裏で幕府と薩摩藩の攻防が繰り広げられ、結局それに競り勝った薩摩側が、六年後のウィーン万博では日本国政府となって出展を独占したのだ。

パリでは、日本が極東の野蛮国ではなく、高度に洗練された文化を持つ国であることを視覚を通じて示し、来るべき内乱・戦争に備えて戦費を融通してもらうことを幕府は意図していたが、薩摩藩が先に西洋諸国に根回しをして、また自らも幕府を上回る出品をすることで、幕府の権威と思惑を潰し、それがスムーズな維新を後押しした。両者ともに覇権を握るために万博での日本文化喧伝を利用しようとしたのだ。

かくして昔も今も、困ったときに「日本的なるもの」が持ち出される。しかし、そこでの〈日本〉とは一体なんなのか。百年以上前の万博と現在の「クールジャパン」との間になんらかの共通性があるのか。漫画やアニメから、和食、「おもてなし」などを通してなんとなく共有される〈日本〉は一体どこからきたのか。対外的なイメージ戦略のために単純化された輸出用の〈日本〉がはびこり、われわれ自身が〈日本〉を見失いつつあるのではないか。

「あいまいな日本の私」（大江健三郎）の一人としてなんとなく感じてさえいればそれ以上理詰めで分かろうとする必要はない、それこそが〈日本〉的だ、という考えもあるだろうし、一方で「クール」を自ら気取る身ぶり自体がもはや、控えめという〈日本〉の美徳を欠いているとも言える。しかし商業的目的のためとはいえ、これほど喧伝されている〈日本〉について、われわれ自身が無自覚でよいはずはない。

一つだけ言えるのは、「日本的なるもの」というときには、つねになんらか「美的なもの」と関わっているのではないかということだ。

西洋の〈日本〉発見は、まず「ジャポネズリ japonaiserie」＝日本趣味というかたちで根を下ろした。日本的文物、とりわけ美術品愛好のことだが、ここまでならたとえば「シノワズリ chinoiserie」＝中国趣味と選ぶところはない。しかし、〈日本〉の場合はたんなる「趣味」を超えて「主義」にまで至った。東洋の珍奇なものに対する興味にとどまらず、「ジャポニスム japonisme」＝日本主義ということばが生まれるまでにその美の評価が高まったということである。先に述べた日本ブームの退潮というのも、一つには日本の美が原理として学ばれ、十分に吸収されたがゆえの積極的解体でもあったのだ。ジャポニズムとは、なにより日本を美の国と捉え、それに学ぼうとすることであった。

一方、明治新政府が美術品をもって〈日本〉を印象づけようとしたのは、科学や産業では西洋に太刀打ちできなかったがゆえの消去法でしかなかったかもしれない。しかし、現在の「クールジャパン」もまた、言うまでもなく日本的な「美」に関わるものである。

その間にあって、たとえば川端康成は世界に向かって語るときに、その「美しい」ことをもって〈日本〉をアピールしようとした。ノーベル文学賞受賞講演のタイトルは「美しい日本の私」であった。大江健三郎は、それを踏まえて「あいまいな日本」を言ったのだ。「美」は「真」や「善」に比べて曖昧な価値意識だとは昔からしばしば唱えられてきたことである。

「美しさ」とそれに伴う「あいまい」さ。たった二人きりの日本のノーベル文学賞受賞者がそれぞれ、「美しい日本」と「あいまいな日本」を受賞講演のタイトルにしたのは偶然だろうか。両者の間に〈日本〉のイメージが揺曳している。

万博から百五十年を経た今日でも、たとえば「美しい日本」が喧伝される。しかしその「美しい」の中味を誰がどれほど考えているのだろうか。たんなる、困ったときの「美」頼みでしかないのではないだろうか。

ではいったい、「日本的なるもの」というときに必ずと言っていいほど持ち出される「美」とはなんなのか。「クール」というような外来語では決して語りえない、さまざまな「日本美」の存在が古くよりさまざまに語られてきたが、そこに時代を超えた〈日本〉なるものがありうるのか。

実際に、少なからぬ人びと、たとえば川端ばかりでなく、岡倉天心も、さらに遡って本居宣長もまた、そこにこそ〈日本〉とその可能性を見た。美こそが日本のアイデンティティなのではないか。外からの目からばかりでなく、少なくとも、〈日本〉を意識した多くの日本人がそう考えた。つまり彼らは、日本美とはなにか、にとどまらず、日本とはすなわち美の国、美意識の国なのではないか、と自らに問うたのだ。〈日本〉を語るときの、その中核をなすものとしての固有の美の可能性。本書を『美の日本』と題する所以である。

註

＊1――McGray, Douglas, "Japan's Gross National Cool" (Foreign Policy. May/June, 2002)＝(神山京子訳「ナショナル・クールという新たな国力――世界を闊歩する日本のカッコよさ」、『中央公論』二〇〇三年五月号)

目次

序章——「日本美」の可能性

「日本美」について語る書物はいくらもある。もう少し広げれば「日本文化論」と言ってもいいし、さらに広げれば「日本人論」ということになるだろう。「日本人は日本人論を好む」というのがもはや通説となっていて、これまた一つの「日本人論」的言説だということができるだろう。「「日本人論」論」も数多い。*1

それに対して、「日本」や「日本人」をひとくくりに考えようとすることに対する批判も少なくない。たとえば、山岸俊男は日本人一般に通底する美徳としての「武士道」を批判し、現在に通ずる愛社精神や滅私奉公の精神は、本来武家社会を生き抜くために採られたその時代の戦略の一つに過ぎなかったとしている。「日本人らしさ」の「らしさ」というものが不変の文化伝統であるという考えを、実験や統計を踏まえて明快に否定し去っている。*2

人間の心もまた身体と同様に生物進化の産物であり、それは社会との相関物であるという、昨今の認知科学においては常識ともなった考えからすれば、あらゆる「らしさ」は揺れ動く社会関係のなかで明滅する現象ということになろうが、とはいえ、「らしさ」というもの自体が全く存在しないというわけではない。聖徳太子の「和」と、戦国時代や大日本帝国の末期に見られた血塗られた精神は、どちらかだけが〈日本〉なのではなく、その時代にはそれが「日本らしさ」だった。

それでも、「らしさ」の中には中心的なものと辺縁的なもの、長く続くものとはかなく消え去るものとがあるように見える。そのなかで途切れることなく連綿と繋がる「日本らしさ」はあるのか。

山岸が否定したのは、「らしさ」の存在自体ではなく、それを「文化伝統」により生み出される一つの実体をもった「不変」のものと考えてしまうことであった。平和な世と戦乱の世とでは、求められる「らしさ」も当然異なる。しかし、ということは、ずっと平和な世でありさえすれば、そこに暮らす人々の「らしさ」がずっと「和」でありつづけることに不思議はないはずだ。もし日本文化の底になんらか脈々と流れるものがあるとすれば、そこに「日本らしさ」の存在する可能性はある。

実際、あまたある日本人論を見渡せば、その多くが文化論であり、さらにそのうちの少なからぬものが美意識論に収斂していくことに注目できよう。「日本」の固有性を語るに際して、政治や宗教や道徳や哲学が主題になることは稀である。そしてそうしたものが語られるときであっても、もれなく「美的＝aesthetic＝感性的」なものが伴われる。

たとえば十九世紀末にフランス、ドイツ、イギリスで発行された雑誌『藝術の日本 *Le Japon artistique*』は、『日本の藝術 *Les arts japonais*』ではなかった。[*3] 内容は日本美術の紹介や解説であり、となれば後者の方がタイトルとしてふさわしくも思えるが、発行者のS・ビングはそうはしなかった。「藝術的な・趣のある・美的感覚の鋭い」という意味の"artistique"を「日本」の全体に冠したのである。

細かいことを言えば、形容詞をつけることによって「日本」という大きな全体から、「藝術的な」

ほんの一部だけを括り出したのだとも捉えられるが、文法的には、固有名詞など既に特定されているものを修飾する形容詞はふつう、非限定的用法とされる。[*4] つまり、「藝術的」な「日本」とそうでない「日本」があるわけではなく、『藝術の日本』からはただちに「日本は藝術的である」が帰結する。

また他方、「藝術的」と形容されたからといって他の属性が排除されるわけではないが、『政治の日本』や『哲学の日本』という雑誌は発行されなかった。日本にも「政治」や「哲学」がないわけではないだろうが、西洋の目からすれば、〈日本〉と言えば藝術・文化・伝統における憧れの地であり、それ以外ではなかった。彼らにとって、日本には独自の美や美意識がある、というだけでは十分でなかった。われわれもともに、「日本の美 la beauté japonaise」ではなく、「美の日本 le beau Japon」と言おう。

日本の内部においても、日本の〈日本〉たる所以を美や文化に見出すことは変わらない。それを肯定する側からであっても、批判的に捉える側からであってもである。

たとえば丸山眞男はかつて、いまだ日本の思想を体系として包括する論がないと嘆いたが、それは、論じようにも日本においてはさまざまな思想が雑居するばかりで構造化されることがなかったからだとした。[*5] 丸山にとって、〈日本〉とは、その思想の内容よりもまず、「雑居性」という文化の固有性だった。

丸山が日本語を「感覚的なニュアンスを表現する言葉をきわめて豊富に持つ反面、論理的な、また普遍概念をあらわす表現にはきわめて乏しい」とし、また日本の近代文学が「四季自然に自らの感情を託し、あるいは立居振舞を精細に観察し、微妙にゆれ動く「心持」を極度に洗練された文体で形象化し」、「事実の絶対化と直接感覚への密着の伝統に容易に接続し自我意識の内部で規範感覚が欲望や好悪感情から鋭く分離しない」[*6]としたとき、丸山が撃とうとしているのは無論、言語や近代文学にとどまらず、〈日本〉そのものということになる。

しかし、この丸山言うところの「実感信仰」は、後の章で見る本居宣長や九鬼周造にとってはまさしくそれこそがとるべき美質であった。〈日本〉は論理より感覚・感情を重視するというのは、それを嘉《よみ》する者にとっても蔑《なみ》する者にとっても論の当然の前提であったのだ。

「事実の絶対化と直接感覚への密着の伝統」のただなかにいた宣長はともかく、同時代の西洋哲学を八年にも亘り彼の地で学んだ九鬼周造は、少なくとも「いき」を「構造」化して捉えようとはした。しかしそれとて、丸山からすればあくまで「いき」の「内部構造」にとどまるのであって、「さてそれが同時代の他の諸観念とどんな構造連関をもち、それが次の時代にどう内的に変容してゆくかという問題になると、ますますはっきりしなくなる」[*7]ということになるのだろう。

「日本美」を語る際にも、「あはれ」、「わび」、「さび」、「幽玄」など、個々の美意識を扱うものはあっても、その諸観念を体系的に捉える論は少なかった。それは、論者たちの責任というより、そもそもそれらの語を「論理的」にあるいは「普遍概念」としては用いようとしてこなかった日本語の用法自体の問題である。

いきおい、論者たちが無理に結びつけようとすれば、いたずらに多くの論が乱立する。たとえば、「わび」は「幽玄」の発展したものというようにそれらの概念を系列化する論や、「幽玄」は能や連歌で「わび」は茶の湯、「さび」は俳諧、というように用いられる場面毎に領域化する論など。論者によって各概念の覆う範囲は異なり、論は混乱を極める。諸観念の連関を「論理的」に捉え「普遍概念」化しようとしたのは、第4章で見る大西克礼《おおにしよしのり》ただ一人だと言ってよい。

ただし、それによって大西が失ったものも小さくはない。無理矢理に論理化・普遍化をしようとすれば、「感覚的」であるという〈日本〉の固有性を圧殺しかねないからだ。だから、体系化が試みられるにせよ、はじめから存在する図式の中に諸観念を押し込めていくのでなく、それぞれをまずじっくりと見つめながら、ありうる連関を探していかねばならない。

しかし仮に見取り図めいたものができたとしても、それは廃墟の地図、あるいは死者たちの系図にすぎないのではないか。宣長の「もののあはれ」も九鬼の「いき」ももはや十分な死語なのではないか。各種の「日本美」は絶滅危惧種であるように見える。

たとえば、一九八四年に二十一万枚以上の売り上げを記録した歌謡曲に『2億4千万の瞳――エキゾチック・ジャパン――』[*8]というものがあった。歌詞はタイトルとあまり関係がない、というかほぼ解釈不能だが、郷ひろみの歌う「ジャペアーン」という部分だけがともかく人の耳にいつまでも谺《こだま》した。

これが、旧国鉄が一九七〇年にはじめたキャンペーン「ディスカバー・ジャパン」の流れを汲んだ最後のキャンペーン「エキゾチック・ジャパン」の主題歌であり、曲の初披露が、わざわざ座席を取り外した東海道新幹線の車内で行われたことからすれば、歌詞の意味は不明でも、曲の意図はよくわかる。エキゾチックなジャパァーンをディスカバーしようというのである。

エキゾチックである以上、〈日本〉でもなく「ジャパン」でもなく英語以上に英語らしい「ジャペァーン」がやはりふさわしいようにも思えるが、以下は日本語訳で考えると、「異国情緒漂う日本を発見しよう」ということになる。

「異国情緒」と「発見」とによって〈日本〉は二重に遠ざけられているが、しかしこれは言うまでもなく日本語による日本人向けのキャンペーンだった。日本人に異国としての〈日本〉を発見しようと迫ったのだ。ここで「異国情緒漂う」と言われ、「発見」の対象とされたのは、海外からの最先端の輸入品によってとり鎧《よろ》った日本ではもちろんない。そのことは、国鉄がＪＲになり、東海道新幹線がＪＲ東海の管轄下に置かれたときに、このキャンペーンが「そうだ 京都、行こう。」へと替わったことからも明らかだ。

すなわち、「異国」的であり「発見」の対象であったのは、京都という「文化伝統」の都、美の都であった。一九七〇年には既にそれは「発見」しなければ見つからないものであり、一九八四年には「異国」のものと認定されてしまうものだったとすれば、「日本美」はまさしく絶滅危惧種であり、それも京都という聖域で厳重に保護されてのみ生存しうる息も絶え絶えな状態にあるのではないか。

いや「かわいい」がある、これこそは現在進行形の「日本美」であって、「クールジャパン」の核心だ、という反論はありうるだろう。

たしかに、「かわいい」は今やそのまま世界語となりつつある。英語でもフランス語でもロシア語でも韓国語でも「かわいい」は音訳されてそのまま使われている。ということは、'cute'や'mignon'とは重なりつつも異なる日本固有の美意識として認められているということではある。

しかし一方、この浸透の速さと広がりとを見ると、かくも容易に世界中で受け入れられるということは、そもそも「かわいい」はとりわけ〈日本〉的だとは言えないのではないか、という疑念も生ずる。それで、「かわいい」が「日本美」であるとするには、これが突如澎湃《ほうはい》として世界を席捲《せっけん》するに至ったその水源が〈日本〉のどこにあるのかを見極めなければならない。それは他の死せる「日本美」の正統な後継者なのか、それとも俄《にわ》かに産まれた鬼子なのか。後者であるならば、時代とともに咲いて散る、はかない「らしさ」にすぎないのか。あるいはまた、日本という辺境に咲いた「かわいい」花の種が、きわめて現代的な現象であるグローバリズムの荒波に乗って世界中に散らばったがゆえの広がりなのか。

いずれにせよ、その晦渋《かいじゅう》さをもって頑なに日本の地にのみひっそりと根を張りつづけようとする「わび」、「さび」たちとは対照的である。種々の「日本美」を体系化するのは一筋縄ではいかない。

ただし、丸山が、感性的＝非論理的として批判した日本の思想のもう一つの特徴は「雑居性」

であった。そしてそれは「無構造」ということと表裏一体であった。

一定の時間的順序で入って来たいろいろな思想が、ただ精神の内面における空間的配置をかえるだけでいわば無時間的に併存する傾向をもつことによって、却ってそれらは歴史的な構造性を失ってしまう。*9（傍点原文）

ここで「歴史的」に傍点が振られているのはなぜかということに留意すべきである。こうした「歴史的な構造性」を欠く「雑居性」と対比させられるのは、たとえば「独居性」や「純粋性」ではなく「雑種性」である。外来思想と完全に混じり合うならば、そこに新たに生まれる「雑種」思想は、親たる思想たちとの間に「歴史的」な関係性を持つ。一方、ただ「無時間的に併存」するだけならば、混じり合うこともなく、それゆえ親から子へという「歴史」も生じない。

しかし、親―子の「歴史」があるということは、親が先に亡びて子が親になり……という新陳代謝がそこに起こるということでもある。そのとおり、丸山が考える「思想」とは、ある思想が亡びてそこから別の思想が生まれて……という「歴史」をもつものであり、そしてその歴史観には進歩が結びついていた。これはヘーゲルやマルクスの進歩史観が幅を利かせていた時代の制約でもあったろうが、つまりはそのような新陳代謝はそれだけで善であるという前提があった。

その是非を括弧に入れて考えれば、「雑居」も悪いことばかりとはかぎらない。ここには親も子もなく、新しいものが入ってきても、座席を譲り合って誰もが腰かけられる。すべて亡びることなく「無時間的に併存」していることになる。

〈日本〉の固有性なるものが存在するとしたときに、その中核をなすのが「美的なるもの」である、ということを一つめとすれば、二つめはこの「雑居性」ないしは「重層性」である。

古いものが新しいものを拒否せず、新しいものが古いものを駆逐しないのが日本の文化の特徴だとは、他にも多くの者が説いている。次章で詳しく見るが、丸山より前にはたとえば岡倉天心がいたし、後には演劇という分野でそのことを例証して見せた河竹登志夫がいる。

日本において、ひとたび確固たる地歩を得た文化は決して亡びない。とすれば、そうした文化の基礎となる「美意識」もまた、どこかわれわれの奥底で生き延びているはずだ。とりわけ演劇のようなパフォーミング・アーツが現代でも絶えることなく上演されるためには、それを支える美意識もまた現代に息づいていなければならない。そのわずかに命脈を保つ深い感覚たちを、過度な体系化によって息の根を絶たないように注意しつつ、互いの関係がわかるように並べること。「日本美」を体系的に考えるにはそのような繊細な作業が必要だ。

しかし、冒頭にも述べたように、「日本美」についての言説は既に多い。これ以上、屋上屋を架してバベルに迫らぬようにするには、方法が工夫されねばならない。

一つは右にふれたように、死せる標本のカタログに終わらぬよう、今を生きるわれわれ自身の内部と都度々々照応させながら、今後の生存の可能性を探ること。

また、扱う対象を代表的なものに絞ること。これは、多くの日本論が実は〈日本〉的とは必ずしも言えないものを扱っているという批判[*10]を避けるためである。「もののあはれ」、「わび」、「さび」、「幽玄」、「いき」、「かわいい」を〈日本〉的な「美」とすることにおそらく異論は出ないだろう。

さらに、こうした概念を〈日本〉に結びつけて考えた特定の個人に焦点を当てること。〈日本〉は他の文化を強く意識させられたとき、そこから反転して生み出されたイメージである。それでここでは、本居宣長をはじめとして〈日本〉の固有性を強く主張してきたこれまでの論を分析することを通じて、「日本美」の可能性がどのように考えられてきたのかということを検証する。

科学的正確性を期すならば、世界のあらゆる国や文化との比較が必要だが、それは物理的に難しいというばかりでなく、ここで問題にしたいのは、〈日本〉を意識する人々にとってそれがどのように捉えられてきたのかということであるため、日本と直接の接触のなかった他文化との詳細な比較は行わない。たとえば宣長にとって、「もののあはれ」は〈日本〉に固有の美だというばかりでなく、「もののあはれ」こそが〈日本〉であったのだ。美意識は日本のアイデンティティであった。

たとえばここに「しほり」や「ほそみ」が入らないのは、あまりに使用される領域が限定されているうえに、今のわれわれにとっては意味や用法を辞書に尋ねなければならない死語だからである。世阿弥の「花」もまた、ことばとしては日常語であっても、特定の美意識を示す語としては杳《よう》としてわれわれからは遠すぎる。

また、それよりは一般的と思われる「無常」が入らないのは、しばしば「日本的無常観」と言うように、「無常」だけで正しく〈日本的〉であると確言できないからであり、一方、「幽玄」という漢語が入っているのは、これが本来の意味を離れ、日本で美的用語として流通するようになったからである。

それでも、よく見ればほんとうは、たとえば「幽玄美」は日本以外のどこかにもあるのかもしれない。「わび」や「さび」すらも。しかし、仮に一つひとつの「美」が固有でないとしても、その諸相が複合的に組み合わさった様相を明らかにすることができれば、それをもって〈日本〉を言うこともできるのではないか。「わび」と「かわいい」とが雑居できる〈日本〉とは一体なんなのか。

こうして考えてゆくにあたって、難関は、実は「美」あるいは「美意識」ということばそのものにある。「美」も「美意識」も、あたりまえのように使っているが、これは西洋近代に特有の概念であり、それをもって〈日本〉に固有の感じ方を分析できるのか・分析してよいのか、という問題である。

「日本美」や「日本の美意識」というときの「美」や「美意識」という用語を使うことの問題については、第2章で具体的に「もののあはれ」を扱うときに詳しく考えるが、ここであらかじめ少しだけ説明しておく。

「幽玄」や「わび」などは本来、西洋美学においては「美的範疇」というのが正確である。たとえば、「美とはなにか」という問いに対して、美的範疇論は、広い意味での「美」の下に、狭義の「美」や「崇高」「優美」などのさまざまな美的範疇が立ち並ぶ、その全体である、と答える。「日本美」というのはつまり、狭い意味の「美」や「崇高」と並ぶものとして「わび」や「さび」を広義の「美」の下に置く、ということである。

しかし厳密な意味で「美」にあたることばは、明治になってこれが'beauty'・'beauté'の訳語として使われるようになるまで日本にはなかった。「美」こそが西洋固有の美意識だと言ってもよい。だからこれをもって〈日本〉を測ろうとすれば当然齟齬も出てくる。

ここに「日本美」を考える最大の問題がある。ハイデガーが日本人との対話において感じた懸念である。

> 美学という名称とそれが名指すものとは、ヨーロッパ的な思考、哲学から出てきています。だから、美学的な考察は東アジア的な思考にとって所詮、基本的に馴染まないはずです。[*11]

しかしながら、このハイデガーに応えた日本人が告白したとおり、「私たち日本人は美学に助けを求めなくてはならない[*12]」。それ以外にさしあたってわれわれはなんの測量装置も持っていないからだ。

われわれの美意識は既に西洋のそれに深く広く領されている。「美」ということばの使われなかった時代の古刹《こさつ》や仏像に、また『万葉集』や『源氏物語』に「美」を感じずにはいられない。だからここからはじめるよりほかない。「日本美」をできるかぎり内部から掘り下げていくなかで、それを「美」と呼ぶことの問題も意味も、自ずと明らかになってくるだろう。辿りつく先に見えるのは、「日本美」とは「美」とは言えないものなのかもしれない、ということだ。しかしそれは、「日本美」の行き詰まりというより、「美」をも超える新たなひとつの可能性である。

●――本書の構成と特徴

『美の日本』というタイトルが、「美しい国」となんらか近しい響きをもっていることは否めない。しかし、後者が喧伝されるとき、それはしばしば無反省で、ほぼ中身のない紐帯《ちゅうたい》のための合言葉にすぎない。そうではなく、ここでは〈日本〉について真剣にその内容を考え詰めた人びと、あるいは「日本美」から考えはじめ、結果的に〈日本〉と「美」とを等号で結ぶようになった人びととの思想を通じて、その「美」の内実を掘り下げる。

副題のとおり、本書は「もののあはれ」から「かわいい」までの日本の代表的な美意識を扱うものだが、それらをたんに一つずつ並べて論ずるのではない。ハイデガーと日本人とのやりとりにもあらわれていたとおり、そうしたおのおのの美意識を、西洋的な「美」の下に測量することで事足れりとしていいのか、というのが、ここでの素朴かつ大きな疑問である。九鬼がそうであったように、日本の美意識を考えようとした人びとは皆なんらか外からの刺戟を強く感じていた。彼らは外圧に対抗すべく、美や美意識を楯として〈日本〉を論じた。たしかに一方で、〈日本〉とは自動車であったり家電製品であったりするかもしれない。しかしそれは歴史のごく最近の一コマにすぎず、百年前なら苛烈な帝国主義とそれを支えるサムライの子孫たちであったろう。そして自動車や従順な臣民たちは、それぞれ欧米や東アジアに共通するものである。それだけをもって〈日本〉を言うことはできまい。

そうでなく、美や美意識をこそ日本のアイデンティティであると捉えた岡倉天心は、圧倒的に見える西欧列強に向かって直接語り、〈日本〉が美の国であることによって彼らと対等、あるいはより優れているとさえ宣言した。では、天心は日本の美の特徴をどこに見出したか。第1章は天心のことばから、日本美の二つの特徴と三つの属性を抽き出す。

天心は〈日本〉のアイデンティティを美に見るという点で、本居宣長の正統な後嗣《こうし》であった。宣長は、日本は「もののあはれ」の国であると言っていた。日本にさまざまな美があり、その一つが「もののあはれ」であると言ったのではない。「もののあはれ」こそが日本の本質であり、それが日本人の心性のすべてを規定すると言ったのである。

もし宣長の言うことが正しければ、他の美意識、つまり「わび」も「さび」も「いき」も、より基本的な「もののあはれ」によって規定されることになるはずだ。

だがしかし、「わび」や「いき」はともかく、「もののあはれ」を「美」や「美意識」と言ってよいのかという問題がある。西洋で言う「美」の定義からすると、「もののあはれ」はそこに収まりきらない。しかし、西洋美学の概念をまったく借りずに論ずることもできないため、まず先に西洋的な美意識の概念と「もののあはれ」との関係とを詳しく分析する。これが第2章であり、つづく第3章では、宣長がいかに「もののあはれ」を重視し、それを〈日本〉に結びつけたかを見る。

第4章では、一般に〈日本〉というときまず真っ先に想起されるだろう「幽玄」、「わび」、「さび」という中世に端を発する美意識を扱う。これらを美的範疇として西洋美学の中にかっちりと体系づけようとしたのは大西克礼という美学者だった。彼の研究方法に注目することで、その分析の鋭さを検証するとともに、ハイデガーの示した件の懸念について考える。

第5章は、やはり西洋の影響を強く受けつつ〈日本〉の美に着目した九鬼周造が、「いき」の分析をとおしてなにを目指したのかを考える。大西と九鬼とは同年生まれであり、二人は揃って「日本美」を自分の学の中心としてとりあげながら、しかしその目のつけどころや方法論は少なからず異なっていた。「いき」は、九鬼以前には、「幽玄」などに比べてあまりとりあげられたことのない一般庶民の生活美にすぎなかった。

最後に第6章の「かわいい」だが、これが現代日本を代表する美意識であることは疑いないとして、それを詳しく分析してみせた四方田犬彦《よもたいぬひこ》の論をもとに、はたしてこれが今までの他の日本美となんらか繋がりを持っているのか、それとも完全に断絶しているのかを考える。

さて、ふりかえって第1章の岡倉天心は、たとえば『茶の本』においても、それが初めから英語で外に向かって書かれたということもあってか、「わび」などの日本美の術語を用いなかった。

それは終章の川端康成にも受け継がれる。ノーベル賞受賞の記念講演のタイトルに用いられた「美しい日本」は、ただしかし、二人目の同賞受賞者・大江健三郎によって「あいまいな日本」と言いかえられる。

これは決して小さな問題ではない。「美」と「あいまい」さとの関係は、〈日本〉とはなにかということと密接に関わっている。はじめに〈日本〉を言った宣長はそもそも「美」などということばは使わなかった。

やむなく「美」ということばを用いつつも、それが〈日本〉を語るにはたしてふさわしいかを自己吟味しなければならない。天心の章で抽き出すことになる日本美の三つの属性は、はたして「もののあはれ」から「かわいい」までの日本の美意識のなかにどのようにあらわれているか。先に予想を立てておけば、その三つの属性をめぐって、「もののあはれ」という基底的な概念のもとに他の美意識が成立することになるだろう。そのとき、西洋的な「美」とは異なるものが見出されるならば、それは正確には「美」とすら言えない可能性があるが、しかしその独自の価値観が日本を覆うものであるならば、「美」の範囲をやや拡張して、「美の日本」が成立するだろう。

＊1——築島謙三『「日本人論」の中の日本人』大日本図書、一九八四年／講談社、二〇〇〇年。南博『日本人論——明治から今日まで』岩波書店、一九九四年／二〇〇六年（「日本人は「日本人論」を好む」論は本書にある）。船曳建夫『「日本人論」再考』日本放送出版協会、二〇〇三年／講談社、二〇一〇年、など。

＊2——山岸俊男『「日本人」という、うそ』筑摩書房、二〇一五年。

＊3——L・ゴンヅには*'L'Art Japonais'*（一八八六年）という日本美術の解説書がある。

＊4——英語ならばたとえば、「全能の神the Almighty God＝God Almighty」は、「神」に「全能」なものとそうでないものがいることを示してはいない。

＊5——丸山眞男『日本の思想』岩波書店、一九六一年。

＊6——同右書、五三—五四頁。

＊7——同右書、四頁。

＊8——作詞・売野雅勇、作曲・井上大輔。

＊9——丸山、前掲書、一一頁。

＊10——「日本的」とされるものが、西洋との対比においてだけで考えられ、ほんとうに世界の中で日本だけなのかという検証がなされていないという批判もある。代表的なものとして李御寧『「縮み」志向の日本人』（講談社、一九八四年／二〇〇七年）は、土居健郎『「甘え」の構造』（弘文堂、一九七一年）を批判して、「甘え」は韓国にもある、と言った。こうした批判は当然あってしかるべきだが、一方、世界のすべての文化を比較することもできない。こうした研究が進む中でそれぞれの「固有性批判」がなされていくのを待つしかなく、ここではそうした批判があまりない、あるいはそれを生き延びた代表的な六つの「日本美」について考える。

＊11――マルティン・ハイデッガー『言葉についての対話　日本人と問う人とのあいだの』高田珠樹訳、平凡社、二〇〇〇年、八頁。

＊12――同右書、九頁。

第1章

岡倉天心と「美の日本」——「日本美」の特徴と属性

日本が西洋列強の圧倒的な力の前に晒されて、自らの存在を見つめ直さねばならなくなったときに、西洋的価値観に則《のっと》り、その中での順位を上げようとするのではなく、独自の価値をもって西洋と渡りあおうとしたのが岡倉天心だった。そしてそのとき天心は、「美」をアイデンティティの中心に据えた。この章では彼の言を通じて、「日本美」の二つの外的特徴と三つの内的属性を抽出する。

1 日本のアイデンティティとしての美意識

日本論や日本人論は、忘れた頃に盛り返す。ある種の周期を持つようだが、最近の「日本回帰」は少しばかり様子が変わってきたように見える。

日本賛美は至るところで繰り広げられており、たとえばテレビでは、日本の優れた技術や文化を外国人に見せてそれに驚くさまを映す番組が、局を問わずに作られている。以前から似たような趣向の番組がないではなかったが、数が圧倒的に増えたことと、同じように見せびらかすにしても、「技術」の種類が変わった。少し前ならば、いわゆる「未開」の地域の人々を日本に連れて来て、進んだ科学技術で怯えさせるものが多かったが、今は欧米人を相手に、技術といってもむしろ昔ながらの職人技、伝統藝を披露するものばかりが目立つようになった。

これはむろん、日本の科学技術的優位が、そしてそれゆえ経済的優位が揺らぎつつあるなかで、自信を取り戻すための心理的な弥縫策《びほうさく》でしかない。おのれが揺らぐときにこそアイデンティティが求められるのは自然なことだ。しかし、そのとき探し求められる〈日本〉的なるものがそう易々と手に入るものでないこともまた自明の理である。だからこそ安心を求めてこれまで数多の日本論や日本人論が模索されてきたのだ。

しかし安心は基本的に複雑さとは相性が悪い。人は不安なときこそ単純な解を求める。たとえば、佐久間象山《さくましょうざん》の「西洋藝術、東洋道徳」を持ち出して、日本の道徳としての「江戸しぐさ」なる表層的な「伝統」を捏造する。これは、あらゆる伝統が事後的に創造されるものだというのとは次元の異なる問題である。

たしかに、伝統はそれが堂々と生きられているときには人の意識に上らず、むしろ危機に瀕したときに、それを守らねばならないという意識とともにはじめて生み出されるものである。その意味で伝統はつねに「あとから創造される」ものであるが、「江戸しぐさ」は違う。全く存在もしなかった事象を、あたかも江戸時代にあったかのようにでっちあげたのだ。そこまでして日本の道徳の優位性を誇りたかったということだろう。しかし、捏造自体が道徳を裏切る行為だということに気づかなかったのだろうか。「道徳」が〈日本〉の一貫したアイデンティティだと言うのはどうやら難しそうだ。

たとえばこれが〈アメリカ〉ならば、「自由」がすぐに後から追いかけてくる。つまり、「アメリカ」はまず二つの大陸の名だが、国の名前として使われるときには、「合衆国 United States」と言うときとは異なり、そこに「自由」という強いイメージが覆いかぶさる。『ウエスト・サイド物語』の有名なナンバー「アメリカ」では、移民たちがまさに、“Everything free in America!”と叫ぶ。それほどまでに強い一つのイメージを〈日本〉が持つのは不可能だろう。

まず、アメリカに比べて日本の歴史は長い。一つの名前でこれほど長くつづいてきた国は他にない。「中国四千年」などとしばしば言うが、「中国」が国名に使われたのは一九一二年の中華民国からで、たかだか百年しか経っていない。それまではさまざまな王朝が興亡を繰り返し、そのたびに版図も、それゆえに文化も大きく様変わりしてきた。多少の例外もあるが、新王朝は旧来のものを亡ぼし尽くすことで自らの権威を示したのだ。それに比べて「日本」は七〇二年の遣唐使の際には既に対外的に「日本国」として認められていた。以来、多少の領土の拡大縮小はあり、とりわけ近代には無理な拡張とそれに伴う国号変更の一時期があったが、基本的には「日本」として少なくとも千三百年を経てきた。綿々と今につづく最古の国家であり、だからこそそれだけ焦点を定めづらい。ある者は国風の平安を、ある者は武士の江戸を、ある者は帝国の明治をもって古き良き日本を語るが、そこに共通の〈日本〉を見出すのは難しい。〈日本〉とは文化なのか、道徳なのか、近代化の速さなのか。物差しからして一つに定まらない。

しかし、こうして長くつづいてきたのは偶然の産物に過ぎなかったとしても、日本が歴史を貫く一つの国としてのアイデンティティを自ら問わねばならない機会は幾度か訪れた。

明治期がまさにそのような時代だった。世界から孤立していたある意味では幸福な時期は終わり、突然近代西洋の脅威に晒されたときに、自らの存在を懸けて「日本」を守ろうとした結果、天皇制という最古の王朝を軸として残しつつ急速に近代化を遂げようとする、復古にして革新という一見不思議な途が採られた。そしてこれこそが〈日本〉であると言う者もいる。その場合しかし、近代の天皇は古代の実権からは離れた、要はヨーロッパに学んだ立憲君主制あるいは制限君主制なのであって、これを〈日本〉的なるものと言うことはできない。

一方、明治という時代にちょうど重なる時期を生き、誰より〈日本〉的なるものを模索した天心岡倉覚三は、次のように言っていた。

彼［平均的西洋人］は、日本が平和な文藝に耽《ふけ》っていた間は、野蛮国と見なしていたものだが、満州の戦場での大規模な殺戮に手を染めるようになってからは文明国と呼んでいる。［中略］西洋はいったいいつになったら東洋を理解する、いや、理解しようと努めるのだろう。*1

天心にとって「文明国」と呼ばれることは日本のアイデンティティとはなんの関わりもない。「文明国」という理解は日本の本質の「理解」ではない。むしろ「平和な文藝」こそが日本の〈日本〉

たる所以だったという。西洋からすれば「大規模な殺戮」こそが「文明」なのかもしれない。しかし、かつての「平和な文藝」が決して「野蛮」の産物ではないことを示すことこそが『茶の本』を英語で書いたときの天心の裡《うち》にあった使命感だった。

こうして天心は、返す刀で明治の日本をも斬って捨てた。戦争に邁進《まいしん》することで新たな「文明国」の一員となることは、西洋への同一化ではあったとしても、〈日本〉の何たるかを示すことではない。むしろ西洋への同一化は、日本を「了解」することからますます遠ざかる。

もちろん、天心ひとりが日本を西洋的な見方で捉えることから免れていたというわけではない。むしろ天心により発見された〈日本〉もまた、西洋的な眼差しで自己を見つめ返したところに浮かび上がってきたものであったことは間違いない。

しかしいずれにせよ、天心が見出した〈日本〉は「文藝」すなわち文学藝術に関わるものだった。そしてこれはなにも驚くべきことではない。後の章で詳しく考えるとおり、多くの者が〈日本〉のアイデンティティを考えるときには、その美的・感性的側面に注目してきた。

一時期世界をたしかにリードした日本の科学技術が、しかし最先端を走りつづけられなくなったときに見出された〈日本〉は、伝統工藝だったり、和食だったり、寺社仏閣だったり、新しいところでは漫画やアニメだったりと、広く感性に関わる領域である。たしかにこうした各分野に〈日本〉的なるものがあることは否定しがたく思える。

もちろん、明治期に〈日本〉のアイデンティティを模索したのはなにも天心ひとりではない。

否が応でも〈日本〉を意識せざるをえない状況下で、自分なりになんとか探り当てるばかりでなく、それを言明した者が少なくともあと二人いた。天心を合わせて三人がみなそれを英語によって行ったということは、〈日本〉を意識させたのが誰であったかを如実に物語っている。外国語で述作を上梓できるほど欧米に通じている、ということが当時〈日本〉を考える上での前提条件であった。ただし天心以外の二人が〈日本〉を代表させたのは必ずしも文学藝術ではなかった。

内村鑑三・一八六一年、新渡戸稲造・一八六二年、岡倉天心・一八六三年とまさに踵を接して生まれ、西洋に深く触れ、その中で翻《ひるがえ》って〈日本〉を意識せざるをえなかった三人ではあったが、著作を通じて披露したその〈日本〉像は二つに分かれる。

内村鑑三の『日本と日本人 *Japan and the Japanese*』(一八九四年。のち一九〇八年に『代表的日本人 *Representative Men of Japan*』に改稿)は、まさしくその名のとおり「日本」を真正面から捉えようとしたものだ。一種の偉人伝集として、西郷隆盛、中江藤樹《なかえとうじゅ》、日蓮などを挙げ、「日本と日本人」が野蛮でなく、高い精神性を宿していたことを証明せんとする。のちにケネディ大統領も読み、なかでも上杉鷹山《うえすぎようざん》の章に感銘を受けたと言われる。娘のキャロライン・ケネディ前駐日大使は、鷹山の生き方が、父の大統領就任演説に影響を与えたと述べている。その有名な一節、「国があなたのために何をしてくれるのかを問うのではなく、あなたが、国のために何をできるかを問うて欲しい。Ask not what your country can do for you, ask what you can do for your country.」は今、鷹山がその号の字をもらった白鷹山の頂上の碑に刻まれている。[*2]

しかし、それほどの影響力があったのは、鷹山が優れて〈日本〉的だったからだろうか。逆である。鷹山の思想や政治手法は、百五十年という時間と太平洋という空間とを越えて全く違和感なく受け容れられるほど普遍的・無国籍的だったのだ。

内村鑑三が見出した〈日本〉のアイデンティティとは、極東にありながらも西洋に比肩しうる倫理と政治を具え、それゆえ西洋化・近代化に十分耐える国だということだ。

其意味に於て純潔なる儒教と公正なる神道とはキリストの福音の善き準備であった。伊藤仁斎、中江藤樹、本居宣長、平田篤胤等は日本に於て幾分にてもバプテスマのヨハネの役目を務めた者である。[*3]

内村にとっての西洋化はもちろんキリスト教化でもある。日蓮ばかりでなく、本居宣長も平田篤胤すらもイエス・キリストの露払いにすぎなかったということになる。本人たちが聞いたらどう思うだろうか。

しかし、新渡戸稲造もその点また、選ぶところがない。『武士道 *Bushido : The Soul of Japan*』（一九〇〇年）は、西洋の騎士道に類する精神が日本にもあることを論じた。つまりは西洋との類同をこそ強調しようとしたのであり、〈日本〉独自のイメージを与えようというよりは、逆に、日清戦争以来定着しつつあった極東の獰猛《どうもう》な小国というイメージを覆し、より西洋に近いものとして宥和しようとしたのだ。こちらはルーズヴェルト大統領が読んで感銘を受け、自ら三十冊購入して周りの人に配ったという逸話が残っているが、つまりそれほどに西洋人にとっても親近性の高いものであったということだ。

だから当然、この二人から日本の〈日本〉たる純粋な固有性は出てこない。彼らからすれば、これほど西洋から遠いところに位置しながらキリスト教世界の一員たる資格を具えている、というだけで、日本は十分に愛するに足る祖国だったのだ。

しかし、この二人の熱心なキリスト者の希望的観測ははたして的中したとは言えない。結局のところ、日本はアジアの中でも最もクリスチャン比率の低い国の一つにしかならなかった。

その点、ひとり天心のみは、〈日本〉を西洋とは異なるものとして捉えた。もちろん同時代を生き、不平等条約によって物理的にも精神的にも苦しめられていた「日本」をなんとか西洋に伍するものとして認めさせたいという願いは天心も共有していた。いわゆる英文三部作、『東洋の理想』、『日本の目覚め』、『茶の本』（といっても天心は生涯この三作しか著述を公刊しなかったのだが）のすべてに通底するのは、「日本」の地位向上であり、そのために真の〈日本〉を理解させねばならないという使命感だった。

天心によれば、当時西洋においてありえた日本像は二つに分裂していた。『日本の目覚め *The Awakening of Japan*』（一九〇四年）は次のようにはじまる。

日本の急激な発展は、西洋人の目からみれば多かれ少なかれ一つのなぞであった。彼らは言う――この国は、花と軍艦の国、壮烈な武勇と優雅な茶碗の国、新旧両世界の入れかわる薄明りの中で陰翳いり乱れる奇怪な辺境であると。*4

西洋にとって、この分裂したイメージは第二次大戦後までずっと変わらなかった。ルース・ベネディクトの有名な日本論、『菊と刀 *The Chrysanthemum and the Sword: Patterns of Japanese Culture*』（一九四六年）のタイトルにもそのことが示されている。しばしば誤解されるが「菊」は天皇家の紋ではなく、日本の菊づくりの精妙さについて語ったものだ。「菊と刀」とは「皇室と武士」、「公家と武家」ではなく、まさしく「花と軍艦」そのものである。

「花と軍艦」、「壮烈な武勇と優雅な茶碗」、「新旧両世界」のうち、内村と新渡戸とが「軍艦」、「壮烈な武勇」、「新世界」に属するものとしての日本を説明したとすれば、天心は「花」と「優雅な茶碗」と「旧世界」の日本こそが〈日本〉であるとした。

そして天心によれば、この差はたんなる分裂ではない。「親日派が日本人の能力を驚嘆してくれるのは、われらが西欧の科学、工業、立憲政治、巨大な戦争に応ずる国家組織を、またたくまに導入してしまったという点である」が、それはあくまで「外的知識の蓄積」にすぎず、重要なのはそれを成し遂げるに至った「内的活力」、「内なる自我の真の活力源」の方にある。*5 のちの夏目漱石の文明論に繋がるような問題意識をここに見ることができるが、形骸化した習い事としての茶道に全く興味を示さなかった漱石とは異なり、天心は「花」と「茶碗」にこそ〈日本〉が「美の日本」たる所以を見ていたのだ。

一八八九年に天心により創刊され、今につづく日本最古の雑誌、『國華』は、その創刊の辞で「夫れ美術は國の精華にして」と宣言した。そのことはあらゆる国に言えることなのかもしれない。しかし美術雑誌として世界で最も長くつづいているこの雑誌の存在は、この「国」の「華」がどれほど豊かであるかを証している。

そして天心にかぎらず、日本をその固有性において他に比肩しうるものとして語るときには、多くの人間が美的なものをもってそうしてきた。章を追って考えるとおり、宣長から現代までそのことは変わらない。**美が日本のアイデンティティの重要な部分を成す**こと、これが日本の美意識の一つめの特徴だと言える。

2　「日本美」の重層性

しかし美的＝感性的なものはそれ自体、理性的な立場からは評判が悪い。人間の求める価値を「真」、「善」、「美」に分ける西洋の思考法においては、そのそれぞれを扱う学である「論理学」、「倫理学」に比して、「美学」はそのはじめから劣位に置かれていた。一七三五年に「美学aesthetica」という名称を生み出したバウムガルテンが、同時にそれを「下位認識の学」として定義したのだ。

たしかに、西洋の眼から見れば、反省なき感性への依存は批判さるべきものである。たとえばかつて加藤周一が「雑種文化」と言い（『雑種文化』一九五六年）、それを微修正して丸山眞男が「雑居」と呼んだ（『日本の思想』一九六一年）日本文化は、前節で考えた、感性に依るところの大きい〈日本〉の特徴と通ずるところがある。感性のおもむくままにさまざまなものを外から取り込み、並列することが可能なのは、そこに理性的な対決が欠けているからだというのだ。そのさまを加藤は「雑種」と呼んだが、丸山は「雑居」と言うべきだとした。「雑種」ならば二つのものが向き合ってそこから新たなものが生まれてくるはずだが、日本は新たな思想を取り入れても、それを旧いそれと真に対峙させることのないまま並列させるばかりだからだ。

なるほど、今でも多くの日本人は、年末にキリストの生誕を祝ったかと思えば、一週間後には神社や寺院にたくさんの願い事を携えて頭を垂れる。そこにあるべきはずの大きな思想的亀裂は、祝祭の賑わいに包まれて隠されてしまっている。華やかさに引きずられて事柄の本来的意味に思いが至っていないのであれば、感性が理性に勝っているという非難もやむをえないかもしれない。かくして、感性の重視が、理性的対立を棄却して、本来ありえないもの同士の林立を許すのが、「雑種」であり「雑居」であるということになる。

しかし、感性が理性に勝ることをよしとしないことも、それゆえに「雑種」、「雑居」を非とすることも、根本的に西洋的な発想であり、日本が自らの価値を判断するのに必ずしもその尺度をもってしなければならないわけではないはずだ。内村鑑三と新渡戸稲造がともにキリスト教倫理から日本を見て、そこに親近性を見たのに対し、丸山眞男と加藤周一とは西洋近代的論理から日本を見て、それを断罪した。肯定するにせよ否定するにせよ、西洋の規準をそのまま当てはめたのだが、天心は違った。天心は、西洋の側に身を置かないばかりか、無謀にもあの時代に、「アジアの側からお返しをします」[*6]と楯突き、「東洋はある面では西洋に勝っている」[*7]とさえ唱えた。

ただし、右に引いたところからも明らかなように、天心は西洋に対するにいきなり日本一国をもってするような無謀なことはしなかった。あくまでアジア、東洋を比較の対象として据えながら、その中での日本の位置取りを追究した。〈日本〉のもう一つの特徴は、アジアとの関係において、よりはっきりと見えてくるものである。天心の思考の流れを追おう。

三部作第一篇『東洋の理想 *The Ideals of the East*』（一九〇三年）劈頭《へきとう》の有名な一文はしかし、浅薄な誤読のために一時期非常に持ち上げられ、のちに掌を返したように打ち捨てられた。「アジアは一なり。Asia is one.」はたしかに、この書が西洋に向かっての明確な対抗意識の下に書かれていることを示しているが、だからといって日本が東洋の覇権を握り、西洋と戦うことを薦めているわけでは全くない。

にもかかわらず、のちにそれが大東亜共栄圏構想の基礎となる思想として利用されることになる。実際、『東洋の理想』が日本語に翻訳されるのは、初版から三十年以上も経った昭和十（一九三五）年になってからのことだ。この二年後に日中戦争が勃発、翌年、第一次近衛内閣は「東亜新秩序」声明を出す。そしてここから次第にいわゆる「大東亜戦争」へとなだれ込むのである。

たしかに『東洋の理想』の中には、日清戦争、三国干渉を経た当時の日本人一般の昂揚と怨嗟《えんさ》とが揺曳している。今のわれわれから見れば、日本語訳された時期の「国体」思想に直結する危うさが感じられる部分もある。だからこそ天心は、この時期に保田《やすだ》與重郎《よじゅうろう》や浅野晃をはじめとする日本浪曼派や国粋主義者たちによって担がれ、終戦とともにその人気も権威も失墜する。

しかし、「アジアは一なり」は、大日本帝国によるアジアの植民的統一を目指したものなどではない。「東洋の理想」とは、東洋が西洋と覇権を争うまでに政治的・軍事的一体化を遂げることではない。それは明らかな誤読である。

そのことは、この書物の目次を見ても一目瞭然だ。

序文
1　理想の範囲
2　日本の原始藝術
3　儒教——北方中国
4　老荘思想と道教——南方中国

5　仏教とインド藝術
6　飛鳥時代（５５０年―７００年）
7　奈良時代（７００年―８００年）
8　平安時代（８００年―９００年）
9　藤原時代（９００年―１２００年）
10　鎌倉時代（１２００年―１４００年）
11　足利時代（１４００年―１６００年）
12　豊臣および初期徳川時代（１６００年―１７００年）
13　後期徳川時代（１７００年―１８５０年）
14　明治時代（１８５０年―現在）
15　展望

このどこに、日本を頂点とする政治的・軍事的統一こそが「東洋の理想」だという発想が兆《きざ》しているると言えようか。これは実質的に日本美術史の書物である。

編年体で「理想」を軸とした美術史を記す。当時西洋において人気の非常に高かった浮世絵などはたしかに日本独自のものだろうが、天心の「理想」からすれば世俗的であり、それゆえ価値は劣るとされた。西洋的尺度に囚われない、独自の美の「理想」が目指されている。

その評価の当否は措き、宗教的超越性というものを尺度として日本美術を通観する見方は新しかった。いや、通史としての「日本美術史」をはじめて構想したのが天心だった。

しかし、宗教的超越性は〈日本〉に限られたものではない。むしろ目次にある最初の数章の章題を見ればわかるとおり、それは儒教、道教、仏教という大陸から渡来したものに多くを負っている。ここに「東洋の理想」がある。

そのさまざまな思想が、日本の中で並行して生きつづけていること、それが美術という目に見える形で長く残存して、日本がアジア文明の「博物館」と化していること。つまり一つひとつの起源を見れば、日本に発していないものが多くありつつも、それが「日本」という場所でそのまま新旧問わずに併存していること。日本においてアジアが一つとなっているというのはそのような意味においてであった。政治的・軍事的統一が「理想」であり、それを日本が成し遂げるのだ、などという解釈は、最初の一文だけ読んで書を閉じた者にしか不可能である。

もちろん、天心の中に「一」なるアジアにおいて日本が冠たる存在だという驕《おご》りが全くなかったわけではない。現在から見れば、「アジア」や「東洋」という枠組み自体に偏りがあることも事実だろう。

『日本の目覚め』『茶の本』と相次いで著作を発表する天心に、アジアの中の日本を焦点化する意図があったことは疑いない。

まず、『東洋の理想』が「アジアは一なり」からはじまることに明らかなように、天心において「東洋」と「アジア」はほぼ重なりあう。西端はアラブ、イスラム文化であり、東端が日本である。ただし、天心の所論の中でイスラムについての言及は少なく、国名を挙げてアジア文明について語るときには、中国とインドと日本に限定される。実際に天心の頭の中で具体化できる「東洋」「アジア」にはこのいわゆる「三国」しかなかったといって差し支えないだろう。『日本の目覚め』の中では、朝鮮半島の政治的立場に関して、かつてそこが日本の統治下にあったと、これまた対外膨張主義者にとって有利な発言をしているし、東南アジア諸国に対しては冷淡な扱いしかしていない。

天心が「一生の最快事」と呼んだ、法隆寺夢殿の開扉に際して、同行したフェノロサはその秘仏・救世観音を「朝鮮仏」としているのに対し、天心自身は、推古時代の美術はほぼ中国から直接、あるいは朝鮮を経由して渡来したものだとだけ述べ、明言を避けている。よく「渾化《こんか》」されたものを中国製とか日本製とかいうのは真に歴史を研究する者にあらずというのである（『日本美術史』）。「歴史」に向かう姿勢として疑問は残るだろう。

『東洋の理想』や、とりわけ『日本の目覚め』のなかに、戦勝の昂揚や国家主義の影を見て取ることはたやすい。それに一切影響されないことの方が難しかっただろう。

しかし、天心は日本の優位性を政治や軍事には求めなかった。先にも引いたが、『茶の本』の、東洋に対する西洋の無理解を嘆く一文の前には次のような言葉があった。全体の文脈を見よう。

彼［平均的西洋人］は、日本が平和な文藝に耽っていた間は、野蛮国と見なしていたものだが、満州の戦場での大規模な殺戮に手を染めるようになってからは文明国と呼んでいる。近頃武士道――わが兵士に喜び勇んで身を捨てさせる死の術――について盛んに論評されてきた。しかし茶道にはほとんど注意がひかれていない。この道はわれわれの生の術を多く説いているのであるが。もし文明国たるために、血腥《ちなまぐさ》い戦争の栄光によらなければならないとするならば、われわれはむしろいつまでも野蛮国に甘んじよう。われわれはわが藝術と理想に対して、しかるべき尊敬が払われる時期が来るのを喜んで待とう。

西洋はいったいいつになったら東洋を理解する、いや、理解しようと努めるのだろう。*8

最後の一文の嘆きが天心を三部作の執筆に向かわせたものだったことは疑いを容れない。天心は英語でしか著作を公にしなかった。『茶の本』初版は一九〇六年、ニューヨーク、フォクス・ダフィールド社。前年、一九〇五年には日露戦争が終結し、それを前提として書かれているが、なにより目を引くのは、五年前に出ていた、新渡戸稲造『武士道』への批判的言及である。

武士道という「死の術」はあくまで「血腥い戦争の栄光」に通ずるものでしかない。そうでなく、天心にとっての〈日本〉とは、「わが藝術と理想」とによって成立する場所なのである。「理想 ideals」の追究こそが日本美術の要であり、天心自身は、戦力をもって西洋と伍することに関して価値を見出していなかった。繰り返せば、「アジアは一なり」は政治的・軍事的問題でなく、ましてやそこで覇権を握ることとは関係がなかった。

あるいは戦前のそうした読みが意図的な曲解であったと認めることで、近年、天心の再評価が図られているとしても、この一文がなおざりにされたまま、『茶の本』や日本美術への貢献ばかりがとりあげられているようでは、天心の考えた〈日本〉が正しく理解しなおされたとは言い難い。「アジア」と、その中での「日本」の位置取りがわからなければ、天心が守ろうとした〈日本〉もわからない。

たしかに、「アジアは一なり」と、天心の考える「東洋の理想」とには通底するものがあったはずだ。しかし、「アジアは一なり」を、一つの理想を目ざした檄文と捉えるならば、天心の言う「理想」を逆向きに捉えてしまっている。

そもそも、タイトルの「理想」も"ideals"と複数形であり、「諸理想」と訳すのが正しく、「アジア統一」のような単一の目標を示してはいない。また、もしそれが、西洋に対抗するためのアジアの同胞に向けた呼びかけであったとすれば、英文で書かれロンドンで出版されたはずはない。「アジアは一なり Asia is one.」は、文字通り「存在 be / Sein」の宣言なのであり、「当為 should / Sollen」を表しているわけではない。未来に向けての理想ではなく、まずなによりアジアは現にそのようであった、つまり理想はさまざまでも、その根源において既にして一つであったのだ。たしかに天心の時代にもアジアは西洋によって分割され、また自ら割拠していた。それがゆえの日清戦争だった。しかし、たとえ政治的には分裂していても、理想においては一つだった。あるいは少なくとも過去においては同じ源流から汲んでいた。

そしてその「一」なる源流とは、現世的覇権主義とは程遠い、宗教的精神性であり、それに根差した美意識であった。「東洋の理想」も同じもの、つまり超越志向を指している。

本書の大部分は日本の文化、とりわけ美術に費やされているが、それは、「日本がアジア文明の博物館になっている」からである。「いや博物館以上のものである。何となれば、この民族のふしぎな天性は、古いものを失うことなしに新しいものを歓迎する生ける不二元論の精神をもって、過去の諸理想のすべての面に意を留めさせている」[*9]。「不二元論」とは、「不二一元論」とも言うが、外見的には多様なあらわれ方をしていても、根本においては一つであることを言う。「東洋の理想」の「理想 ideals」とはこうした多様なあらわれのことであった。

「博物館」的な併存は日本文化の厳然たる事実である。加藤周一や丸山眞男よりずっと以前に、天心はそのことを指摘していた。そして、ここでは「雑種」や「雑居」の「雑」という字にまつわる負の価値判断はなく、むしろ「諸理想」が一堂に会するのが日本なのだ。

明記されているとおり、「理想」は将来の目標ではなく「過去」のものであるが、ただし、その「理想」がすべて今に残っているのは日本だけであり、ここに東洋の中での日本の独特な位置が浮かび上がってくる。日本の美意識に関する二つめの特徴は、**美の重層性**である。

博物館の例を加藤周一もまた使っていた。

ルーヴルを一周するのは、奇怪な経験である。アッシリアの巨大な石から始まって、エジプトを通り、ギリシャ、中世、イタリア文芸復興から印象派に至るそのどれもに感動するという否定できない事実は、そのどれか一つを測るためにつくられた従来の尺度や基準の保持を困難にする。我々が、すべてに感動する以上、我々にはすべてを測る尺度が必要である。〔中略〕

しかし起源が異なり、独立に発達した文明の輻湊は、西欧においてよりも日本において著しい。おそらく世界中のどこにおいてよりも、日本において著しいとさえ言えるだろう。[*10]

日本はある意味で「ルーヴル」を超える巨大な博物館である。となれば、ルーヴルでさえ手こずるような「すべてを測る尺度」を確立するのはなおさら難しいに違いない。「雑種文化」はそのような尺度なき混迷を含意していた。

「すべてを測る尺度」は、すぐあとの箇所で「普遍的な基準」とも言いかえられているが、さてしかし、そもそものような尺度が必要なのだろうか、と問い直さねばならない。「アッシリアの巨大な石」と「印象派」の双方に「感動」するからといって、そこに「普遍的な基準」がなぜ必要なのか。対立によって「旧きものを失う」よりも、それを温存したまま「新しきものを歓迎」

したからこそ、われわれは一堂に会した美の「諸理想」を享受できている。

たとえば、美術史家の吉澤忠は、敗戦によって大東亜共栄圏構想も灰燼《かいじん》に帰して十年ほど経った頃にも次のように述べた。

日本には、古い美術品がたくさんのこっている。火事で焼けたり、なくなったりしたものもあるが、千何百年も前のものから、現代にいたるまで、各時代の美術品がほとんどかけるところなくそろっている国は、おそらく世界中で日本だけではあるまいか。これはたしかに、ほこってもいいことであろう。あまり住みよい国柄だと、感じたことはなかったが、こんな点は祖先に感謝すべきかもしれない。*11

われわれもまたともに感謝を捧げるべきだろうが、そのとき、「祖先」の中でもひときわ重要な人物として天心を含めることを忘れてはならないだろう。廃仏毀釈《はいぶつきしゃく》の嵐の吹き荒れるなかで、フェノロサと共に古仏を守った功績は計り知れない。

そして、近代以前から、そして美術品の分野にかぎらず、日本においてはずっとこうした努力が払われつづけてきた。たとえば演劇の分野に関して、河竹登志夫は言う。

西洋ではたとえば近代において、古典主義演劇が否定されてロマン主義演劇が興り、それが退廃に傾くとさらにそれを否定するものとして近代リアリズム演劇が興り、さらにまたそれを乗り越えるべく反リアリズム演劇が生まれるというように、いわば交代・消長・興亡の歴史をたどってきた。しかし、日本ではまったくそれと異なり、重層的展開をとげながら今日にいたっている。

たとえば上代の貴族階級は、みずからの芸能として舞楽を整備、完成したが、次の中世において代表的芸能として成立する能は、舞楽を否定し滅ぼし、それに代って生まれたものではなく、また舞楽が自己変革をとげた結果生まれたものでもない。〔中略〕

かくして、年代も美的性格も異なる各種の伝統芸能が、ほとんどその完成時の様式のままに併存するという、世界に類例のない特質をみるにいたった。しかも、この重層性・並存性は、閉鎖的な伝統社会が一応崩壊した明治維新以後になっても相変わらず続いている。〔中略〕

この重層性・並存性は、島国である日本の国土および民族の閉鎖性・孤立性、社会そのものの発展様式の重層性、皇族をはじめとする縦割り社会的な伝承・世襲制、内容の弁証法的発展よりも様式の完成定型化を尊重する国民性――などと深くかかわる、きわめて本質的な特徴といえるであろう。[*12]

中国でも京劇など旧い芝居は残ったが、女形はすっかり女優にとってかわられた。翻って日本では、明治になって女優が一時期導入されたものの、結局、歌舞伎は男性だけで演ずる伝統が「その完成時の様式のままに」残っている。明治の演劇改良熱は、新派、新劇を生み出したが、旧いものを亡ぼすことはなかった。一方、少女歌劇として発足した宝塚は、一時期男優の導入を図るも、やはり失敗して女優のみという姿を守っている。

もっと身近なところでは、今このページ上に存在する文字もまた、**重層性**の証である。隣国が新たに表音文字を作って漢字を排したのと異なり、日本は近代合理主義者たちによるかな文字化やローマ字化の議論はあったものの、結局、漢字、ひらがな、カタカナ、そして近年ではアルファベットまで、併存の途を選んで現在に至っている。

河竹の「内容の弁証法的発展よりも」という口ぶりには、ヘーゲルの歴史哲学的進歩史観が垣間見られたが、しかし、なぜそもそも新しいものが興ったときに旧いものが亡びなければならないのか。

天心も、フェノロサを通じてヘーゲルとその美学に触れ、その美術の発展理論を日本美術史を論ずるにあたって援用したが、しかし、後から来たものの方がより優れているとも、前からあるものはいずれ亡びるとも考えなかった。新旧が牙を剝きあう野蛮よりも、「旧きものを失うことなしに新しきものを歓迎する」「不思議な天性」が日本の美意識であり、それに基づく「平和な文藝」の「博物館」こそが〈日本〉だからである。

さらに言えば、過去の遺物がただ並んでいるだけの博物館とは異なり、日本においてはひとたび地歩を得たものはずっと生きつづけるのだ。記紀万葉の時代から今に至るまで、日本人は新たな歌を詠み、また古い歌を読みつづけている。

そうした事情には、河竹も言うように「島国である日本の国土および民族の閉鎖性・孤立性」など外的諸要因が大きく作用したのかもしれない。たしかに、大陸のように他民族による侵略によって、王朝の交代に際して既存の文化が破壊し尽くされるということはほぼなかった。島国という地理的条件がそれを可能にした。

天心も、日本の独自性の起源を「長い間、世界から孤立していたこと」に見るが、ただし、そこには先述の「不思議な天性」も関わっていたし、また地政学的条件がその天性を高めもした。つまり、「内省に資するところ大であった」という。他を侵略したりあるいは他からの侵略に怯えたりすることなく、自らの内に向かって思索を深めることができた、と。

そしてその結晶したものが、茶道という世界に類を見ない「わが藝術」なのだ。

3　『茶の本』と〈日本〉の美意識の属性

前節までで、日本の美意識の二つの特徴、すなわちそれが〈日本〉にとってアイデンティティと言えるほど重要なものであることと、新しいものが旧いものを亡ぼすことなく、順次上に積み重なっていくという重層性とについて見た。これはしかしいわば外的特徴であり、「日本美とはなにか」という問いに答えるものではない。日本美の内的特徴、すなわち属性にはどのようなものがあるのか。

もちろん、具体的に日本美術と日々向き合っていた岡倉天心が日本美について考えるときに、遠巻きにその周辺を廻《めぐ》るだけでよしとしたはずはない。内側深くに斬りこんでいくために、あくまで具体的に論じようとしたときにもっともふさわしいと思われた分野が茶道であった。茶は世界中で飲まれているのに、それを藝術の域にまで高めたのは日本しかなかったからである。

『茶の本 *The Book of Tea*』は、名の通り「茶」全般について、その飲料としての歴史についても説かれるが、もちろん言うまでもなくなにより「茶道」の本である。ただし、現在「茶道」と一般に言うときにあてられる英語"tea ceremony（茶の儀式）"でなく、天心は"the Philosophy of Tea（茶の哲学）"と言い、また"Teaism（茶主義、茶道）"と言う。

茶は中国に発し、世界中に広まり、日本で「チャ」、イギリスで「ティー」、フランスで「テ」と言うが、茶道は日本にしか興らなかった。

もちろん天心は、おそらくイギリスを指してであろう、「アフタヌーンティー」の中にも"the Worship of Tea（茶崇拝）"があることを見落としはしない。しかしそれこそが、洋の東西を超えて（universal）重んじられる「唯一のアジア的儀式 the only Asiatic ceremonial」なのである。

天心は「茶」という共通項をもって日本を語ることにした。その点では、新渡戸稲造が、西洋に向かって日本を語るに際して、騎士道との共通性によって武士道を説くことで理解を得ようとしたのと同断である。ただし前節にも引いたとおり、「武士道」を「死の術」、「茶道」を「生の術」と呼んで皮肉を込めて後者の優越を説いたばかりでなく、たんなる茶の儀式を超え、盲目的な崇拝をも超えた内省的、自覚的な茶の哲学こそが、日本を語るに最もふさわしいと天心は考えた。繰り返せば、茶はアジアから世界中に（universal）広まったが、それを茶道という哲学、あるいは「耽美主義の宗教 a religion of aestheticism」にまで高めたのは日本だけだった。新渡戸は「騎士道」にあって「武士道」が欠く唯一のものは「愛」である、としてへりくだったが、天心は茶を飲むことにおいては日本が優れると言ったのだ。

しかしそれならば、たとえば華道でもよかったのではないかという指摘はありうる。茶よりも花の方がより普遍的で、花を愛でない文化はおそらくなく、にもかかわらず、華道という一種の「耽美主義の宗教」を生み出したのは日本だけである、と。

もちろん天心にその点、遺漏はない。『茶の本』の中でも特に美しくロマンチシズムに溢れる第六章は、「花」と題してそのまま一章が充てられている。

「原始時代の男は、乙女にはじめの花輪を捧げることによって、獣性を超え出た」[*13]というとき、ここには西洋／東洋という分類以前に「人類」という枠組みで文化が捉えられている。こう続く。「彼はかくして、自然の粗野な必要性という段階を超越して、人間となった。無用なものの微妙な用を認識したとき、藝術の領域に入った」[*14]。まことに「人間」は「藝術」を知ることで「人間」となるのだ。決して戦争のような同族殺しが人間の徴表たるわけではない。

しかし、「喜びにつけ悲しみにつけ、いつも花はわれわれの友である」[*15]というのが人類一般にあてはまるとしても、それを華道という一種の宗教にまで高めたのは日本だけだった。いや、より正確に言えば、日本の茶人だけだった、と天心は言う。花は茶室に飾られることで宗教性を帯びるのだ。

しかしながら、茶人たちによる花崇拝は、彼らの耽美的儀式の一部を成したにすぎず、それだけで独立した一つの宗教になったのではない、ということを忘れてはならない[*16]。

花だけではない。日本では、「実際、茶人たちがその才能の痕跡を残していない藝術の分野を見つけることは不可能」なのだ。

われわれの家と習慣、服装と料理、陶磁器、漆器、絵画、――文学ですら――あらゆるものが、茶道の影響を受けてきた。日本文化の研究家でその影響の存在をまったく無視することができる者はいない。茶道は貴婦人の居間に浸透し、卑しい者のあばら家にも入った。わが農夫は花を生けることを、最も貧しい労働者は山水を尊ぶことを学ぶようになった。[*17]

ではあらゆる日本文化に通底する茶道の精神、宗教的超越志向とは一体なにか。

それはまず、「不完全に対する真摯な瞑想[*18]」である。たとえば、花が茶室に欠かせないのは、他の道具とは異なり、それが必ずやすぐに亡びるものだからだろう。茶道の全体が「わび」という不完全さを志向するが、花、なかでも「日本の桜は、死を誇り、潔く風に身を委ねる[*19]」ものであり、不完全さを強調する。

あるいはまた、茶室の造りである「数奇屋」は、あえてなにかを完成させないでおいたものである。

それで、「不完全さ」は、ひとたび完成したものの頽落というかたちでも、あるいはまた未完成というかたちでもありうる。こうしたあえてなされる《不完全性の表現》が日本美の一つめの属性と言うことができる。

さてしかし、人が「不完全なもの」を「瞑想」するときに、それは当然嘆きや苦しみに傾くものだろう。その表現は観る者にも苦痛を与えかねないが、しかし日本の美意識はそれをむしろ「美」と捉えるのである。

天心によれば、茶道とは「本質的に不完全なものの崇拝であり、われわれが人生として知っているこの不可能なものの中に、何か可能なものを成し遂げようとする謙虚な企てである[*20]」。

茶の席で、最も亡びやすい花は最も高い場所に置かれる。床の間に花が生けられるときには、大抵、掛軸は席を譲る。「花は王座の王子のようにそこに座り、客や弟子たちは茶室に入ると、主人に挨拶するより先に、花に対して丁寧にお辞儀をする」[*21]のである。また、「数奇屋」自体が「不完全なものの崇拝に捧げられる」[*22]と言われている。

それで、たんに「不完全」を表現するだけでなく、それを「美」として「崇拝」する、すなわち《不完全》という《消極性の積極的受容》が日本美の二つめの属性である。

さらに日本美の属性を茶道に探れば、《主客未分》ということをあげることができるだろう。もちろん、主人がいて客がいるのが茶の湯である。しかし、茶道を「藝術」と呼ぶときにいささかなりと躊躇《ためら》いが生じるならば、それは西洋のパフォーミング・アーツに比べて、茶室での主客の距離が近すぎるからだろう。舞台と客席とに分かれることなく、共に炉を囲んで「座」を作る、すなわち「一座建立《いちざこんりゅう》」のためには、主人のもてなしを十分に受け止めるだけの心得が客の側にもなければならない。精神的に手ぶらで出かけていっても、茶席で美に浸ることはできまい。

夏目漱石や加藤周一など茶を嫌った近代主義者は少なくないが、それは一つに彼らの接した茶がたんなる規則の習得へと形骸化したものだったことに加え、主と客との境が融ける経験が、個人主義者たる彼らの近代的「個」を危うくすると感じたからではないだろうか。

天心が、「藝術家はメッセージをいかに伝えるという方法を知らなければならないように、鑑賞者もそれを受け止めるふさわしい態度を培わねばならない」[*23]と言うところまでは西洋の読者も納得できただろう。しかし、『茶の本』は、最終章で「自分自身が美しくなるまでは、美しいものに近づく資格はない[*24]」と、非常に厳しいことを言う。あるいは「美しいものとともに生きた者だけが、美しく死ぬことができる[*25]」とも。美は生き方の問題であり、美を享受するためには、人、須《すべから》く茶人たるべし、と言うのである。「われわれの美的人格は、過去の創作物の中に自分の同類を求める[*26]」のであり、「結局、宇宙の中でわれわれに見えるのは、われわれ自身のイメージにすぎない[*27]」。

美の前に主も客もなく、茶席において、花も軸も茶碗をはじめとする諸道具も鑑賞されるとはいえ、その一つひとつが独立した鑑賞の対象なのではなく、路地に一歩を踏み入れたそのときから人は大きな美に包まれて、自身もその一部として美を体験する。そのような意味で、美しい対象とそれを観賞する主体という対立もない。

さてここまでで、日本美の外的特徴として、それが〈日本〉の**アイデンティティを形成する**こと、また**重層性**を持っていることを挙げ、内的属性として、《不完全性の表現》、その《消極性の積極的受容》、《主客未分》を抽出した。では、こうした特徴や属性は互いにどのように関わりあっているのだろうか。もし日本美が〈日本〉のアイデンティティを成すほど深くわれわれに根差し、また重層性をもって残りつづけているならば、不完全さやその受容、主客未分という属性が今のわれわれの目の前にもなんらかかたちをとどめているはずである。

続く章からで考えるのは、いわゆる日本的美意識として言及されることの多いことば――「もののあはれ」から「かわいい」まで――の中に、はたしてこうした不完全とその崇拝や主客未分性が潜在すると言えるのか、またそれが現在の日本においても「博物館」的に残されて〈日本〉のアイデンティティの一部を成していると言えるのか、ということである。

註

*1――Okakura-Kakuzo, *"The Book of Tea"*（岡倉天心『英文収録　茶の本』桶谷秀昭訳、講談社、一九九四年、二一七頁）より拙訳。

*2――二〇一四年五月に山形県の白鷹山の山頂に建立された二基の石碑のうち、一基には鷹山が藩主としての心得を示した「伝国の辞」が、もう一基には引用した一文が英語で「大統領ジョン・F・ケネディ　上杉鷹山の称賛者」の署名とともに刻まれている。

*3――内村鑑三「キリスト伝研究（ガリラヤの道）」『内村鑑三全集』第二十七巻、岩波書店、一九八三年、二六三―二六四頁。

*4――岡倉天心「日本の目覚め」、斎藤美洲訳『茶の本　日本の目覚め　東洋の理想』筑摩書房、二〇一二年、七七頁。

*5――同右書、七八頁。

*6――前掲 *"The Book of Tea"*、二一四頁。

*7――同右書、二一三頁。

＊8――同右書、二一五頁。
＊9――岡倉天心「東洋の理想」、富原芳影訳『茶の本　日本の目覚め　東洋の理想』筑摩書房、二〇一二年、一九九―二〇〇頁。
＊10――加藤周一『日本人とは何か』講談社、一九七六年、二八頁。
＊11――吉澤忠『古美術と現代』東京大学出版会、一九五四年、二三八頁。
＊12――河竹登志夫『演劇概論』東京大学出版会、一九七八年、一八一―一八二頁。
＊13――前掲 *"The Book of Tea"* 一五六頁。
＊14――同右書、一五六頁。
＊15――同右書、一五六頁。
＊16――同右書、一四六頁。
＊17――同右書、二一八頁。
＊18――同右書、二一〇頁。
＊19――同右書、一四三頁。
＊20――同右書、二一九頁。
＊21――同右書、一四七頁。
＊22――同右書、一八一頁。
＊23――同右書、一六四頁。
＊24――同右書、一四一頁。
＊25――同右書、一三八頁。
＊26――同右書、一六〇頁。
＊27――同右書、一五九頁。

第2章

「もののあはれ」

——「日本美」の可能性と不可能性

「あはれ」あるいは「もののあはれ」が代表的な日本の美意識だというのは、常識に属することなのかもしれない。そしてそれを最初に唱えたのが本居宣長だということもまた。

たしかに、このことばを古典から掘り起こし、「日本」を代表する概念にまで高めたのは宣長であり、彼がいかにして「からごころ」を排して純粋なる「日本」を取り出そうとしたかを問題にしなければならないが、しかしそもそも、「あはれ」や「もののあはれ」は、はたして「美」と言えるものだろうか。あるいは一種の「美意識」なのだろうか。宣長の思想に迫る前に、まずこの問題を考えなければならない。

ハイデガーに応えた日本人が言ったとおり、もはやわれわれは西洋の概念体系を一切借りずに自らの文化を分析することもできないが、かといって無条件にそれをあてはめてしまっては、割り切れないものを無視することになる。しかし、その剰余こそ〈日本〉のなんたるかに関わる部分なのではないか。

本章では、西洋でいう「美」の概念と「もののあはれ」との比較を行う。

1　「もののあはれ」は「美」の一種か

「あはれ」や「もののあはれ」を今のわれわれのことばでいえばどうなるか。『岩波国語辞典』(第四版)は、「あわれ:かわいそうだと思う心。ふびん。また同情を引くこと。」、「もののあわれ:なんとなく哀れに感ずること。」をそれぞれ第一義にあげている。

言うまでもなく、「かわいそうだと思う心」や「哀れに感ずること」は、ふつう「美」とは見なされない。それは主体の心の動きであって、対象の性質ではないからである。

後に考える他の「日本美」、たとえば「わび」「さび」や「いき」ならば、主体の感情を震わせるものではあっても、心の動きそのものではない。「美」とはそのように、主体からは独立して対象の側に具わっているものである。「美しい」のは対象であって、主体の心情ではない。

だから、「日本美」や「日本の美意識」ということばを使用することには注意が必要だ。とりわけ「もののあはれ」について語る場合には。それが、宣長の「もののあはれ」論の考察の前に独立して一章を設ける理由である。

ほとんど意識することもなく日常的に使っている「美」や「美意識」という用語が、そもそも西洋近代的な彩りを多分に帯びたものなのだ。「もののあはれ」とはなんなのか、を考えつつ、それが西洋的な「美」、「美意識」と出会ったときにどのような軋《きし》みを生むのかを見よう。

西洋でいう「美」はたとえば次のように定義される。


ある物ある事態の完全性もしくは価値が、端的な形で直感的もしくは直観的に、快や感嘆の念をもって把握された場合の、その完全性をいう。*1


言いかえれば、直感的・直観的に快や感嘆をもって捉えられた対象の完全性もしくは価値、ということになる。もちろん、直感や直観抜きには捉えられないが、しかしより端的に言えば、西洋でいう「美」とは「対象の完全性もしくは価値」である。

しかるに「日本美」の代表とされる「あはれ」や「もののあはれ」は主体の喜怒哀楽の感情の延長上にある。また、あとでも追って詳しく考えるが、「あはれ」は「完全性」からはほど遠い。この乖離を無視して、「あはれ」や「もののあはれ」を「美」や「美意識」の問題として論ずるのは、実は相当乱暴なことだと言わなければならない。

本居宣長が「もののあはれ」で〈日本〉を代表させたときに、彼は「美」などということばは一切使わなかった。今のわれわれの言うような「美」ということば自体がなかったからであるが、宣長はそもそもたとえば日本的風景のような対象の美を説こうとしたのではなかった。むしろ日本人の心のあり方としての「もののあはれ」を説いたのであり、それは無論、対象=ものの性質ではなく、主体の心情の問題であった。

しかし、実際にはこれまであまり疑われることもなく、「もののあはれ」は日本の一つの「美」のあり方として扱われてきた。西洋の物差しで日本の近代以前を測量することはなにもこれに限ったことではないし、もはやわれわれの頭はすっかり西洋近代の概念で分節化し尽くされてしまっており、それ以外の考え方をするのは難しい。だからわれわれも「美」ということばからはじめよう。ただし無条件に受け入れるのでなく、それがどこまで〈日本〉に妥当するかを考えるところから。

先に見たように、「あはれ」、「もののあはれ」が西洋的な「美」の概念にすんなりとは収まらないことは、今のわれわれの語感でも十分に感じ取ることができる。そしてこの懸隔こそがなにより重要だ。「あはれ」、「もののあはれ」は近代西洋の美学的術語ではうまく割り切れないし、無理に割り切ってはならない。

もし割り切れるならば、その作業はもともと空いていた標本棚に、新種の植物を飾るプラントハンターのようなものだ。たしかに標本はより立派になり、リンネの体系はより完成されたものになるかもしれない。

その意味で、後の章で扱う大西克礼や九鬼周造といった人たちは、自ら西洋のプラントハンターの目をもって日本をまなざし、新種の発見を高らかに宣言した。新渡戸稲造の『武士道』と同じだ。

十九世紀末の日清戦争で眠れる獅子を倒し、東の彼方から不気味な存在感を放つ、異邦の兵士たちの行動原理が、実のところ西洋のそれとおおよそ変わらないことを慌てて示そうとしたのが“*Bushido : The Soul of Japan*”（一九〇〇年）だった。

しかし、ただ同じというだけなら「武士道」、ましてや「日本の魂」などと銘打つことになんの意味もない。中心的な構造は西洋の「騎士道 chivalry」と変わらなくとも、自己の生への執着の度合いや女性の位置づけにおいていくぶん異なるところがあるのを示すことで、独自性をも主張した。それによって英国のジェントルマンと日本の武士とは、同じ「属」の、せいぜい別の「種」であることを証明しようとしたのである。

こうして、「武士道＝日本の魂」は西洋の概念の枠組みの中の、「騎士道」の隣に空いていたスペースに自分の席を得た。

しかし、「もののあはれ」は違う。次章で見るとおり、「やまとごころ」すなわち‘the soul of Japan’を新渡戸よりずっと早くに唱え、「からごころ」を排することに腐心した本居宣長は、「もののあはれ」を外来思想に組み入れるどころか、それこそが〈日本〉の真髄であると考えた。「武士道」が西洋の倫理学の徳目一覧表に新たな一項目を付け加えたのだとすれば、「もののあはれ」は西洋美学の体系そのものをぐらつかせるものだと言える。

西洋美学の正確な用語法に従えば、「わび」「さび」などを「日本美」あるいは「日本の美意識」と呼ぶのは誤りで、「日本の美的範疇」と言い直さねばならない。

「美的範疇 aesthetic categories」というのは、広い意味での「美」を分類したときの類型であり、たとえば狭義の「美 beauty」のほかに、「優美 grace」、「崇高 the sublime」、「悲壮 the tragic」、「滑稽 the comic」、さらには「醜 ugliness」までが含まれる。[*2]

われわれがふつう「美しい」というときは大抵狭義の「美」について語っており、それには先に引いた定義の通り「完全性」の概念が含意されるが、西洋にも「醜い」、あるいは「悲壮な」藝術もあり、それも大文字の「美」の表現である。[*3]

西洋の美的範疇を図で示せば［**図1**］のようになる。

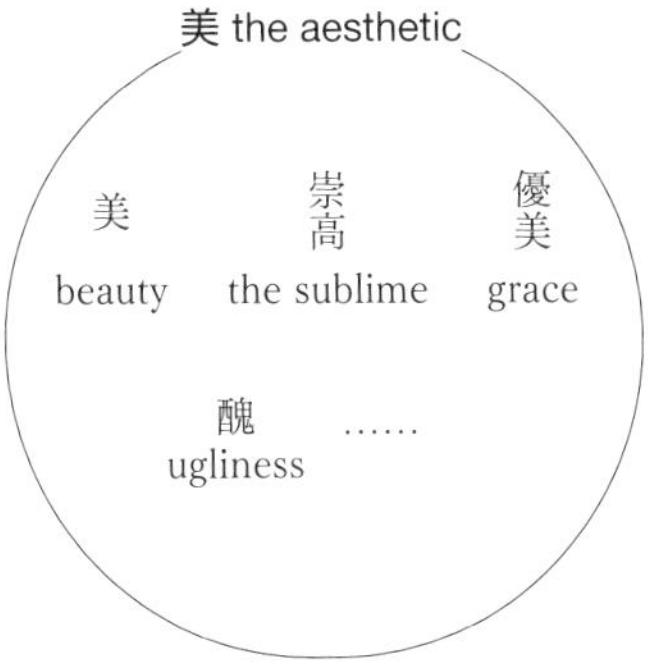

［**図1**］西洋の美的範疇

「美し」くない「美的範疇」があることに一瞬目眩を感じるかもしれないが、これは翻訳の問題で、ここまで広義の美、大文字の美としてきたのは、英語では'beauty'ではなく'the aesthetic'である。これは本来ギリシャ語の「感性 aisthēsis」をもとに、バウムガルテンが「aesthetica」という新たな学問領域を立てたことに由来する。「aesthetica」はだから、「感性学」とでも訳すべきものだったが、「感性」を震わせるものとしての藝術を主な研究対象としていたため、日本では「美学」という名称が定着した。[*4] 英語で言うところの「aesthetics」が「美学」となってからは、形容詞'aesthetic'も「美学的」、「美的」と訳されるようになった。実際に「感性」を最も震わせるのは「美的」なものが多かったため、これで問題ないとされてきたのだろう。

しかし、これが混乱の原因であり、日本語で「美的」と言うとき、少なくとも美学に関わる文脈において、それはたんに「美しい beautiful」という意味であるばかりでなく、「感性的な aesthetic」という意味が含まれているはずだが、そのことは忘れられがちだ。

だから、原語のニュアンスを復活させて'aesthetic categories'を「感性的範疇」、あるいはもっと砕いて「感性を動かすものの分類」とすればわかりやすいだろう。「醜」ももちろん「感性」の対象の領域に属するので、ここに一隅を占めて問題ない。「わび」や「さび」についても、それはふつうに考えればあまり「美」しくはないものだろうが、しかしわれわれの感性を大きく揺さぶるものではある。その意味で、「わび」、「さび」などを西洋の美的範疇に繰り入れることにはそれほど違和感はないかもしれない。[*5]

しかし、西洋の美的範疇においては、やはり「美 beauty」＝「完全性」が占める領域が断然広く、次に「崇高」、「優美」が来るものの、他の範疇、特に「醜」のような不完全性を示すものはあくまで片隅に追いやられている。「わび」、「さび」が日本美の代表とされるのとは、扱いが全く違うと言っていいだろう。

さらに、冒頭に述べたとおり、「あはれ」をふつうに「かわいそうだと思う心」とするならば、これは「美 beauty」でもなければ、「美的範疇 the aesthetic」ですらない。対象の性質というより、たんに主体の心情の問題だからである。「わび」「さび」「いき」とは異なり、少なくとも「あはれ」「もののあはれ」は「美的範疇」というより「美意識」に近い。

本来、「美意識」も美学の術語としては特別な意味を持つもので、「美的体験」と言うのに近いが、ここでは国語辞典にあるような「美に対する感受性／感じ方」くらいの意味でとっておく。それでも「美」と「美意識」とはそれぞれ対象の側にあるのか主体の側にあるのかという違いがあるが、先取りして言えば、「もののあはれ」ではそのどちらかに分類しがたく、それこそが「日本美」あるいは「日本の美意識」の特徴であると思われるため、「美」と「美意識」もあまり区別することなく文脈によりどちらも使用することにする。

さてしかし、「わび」、「さび」が一種の美意識だとしても、「もののあはれ」はそうだとすぐには言えない。それは感性を震わせる経験に即してはいても、対象の性質とは言えないからだ。では、「もののあはれ」とは一体なんなのか。今のわれわれ自身の語感＝ことばに対する感性を手がかりに、そこから遡って考えよう。

2 「もののあはれ」とはなにか

●──「もののあはれ」の現在

春はただ花のひとへに咲くばかりもののあはれは秋ぞまされる
（拾遺和歌集・雑下・詠み人知らず）

下の句が『徒然草』に引かれて有名な歌だが、*6「もののあはれ」のイメージをよく映しているといえる。訳すまでもない、ただ花が咲くばかりの春よりも「もののあはれ」は秋の方が優っている、これで十分理解したように思えるだろう。しかし、言うまでもなく「もののあはれ」自体はもはや現代のことばではない。

聞けばわかる気もするが、あるいは秋に古寺を経巡《へめぐ》りでもすれば、「あわれだなあ」と独り言ちさえするかもしれないが、しかし「もののあはれ」が口を突いて出ることは決してあるまい。まったく意味のわからなくなってしまった古語とまではいかないものの、現代語として使用されることもなく、耳にしたときにある種の語感だけが脳裏にこだまするこの中途半端さは、ある種の危険をもたらす。わかったような気になってしまうからだ。

では、「もののあはれ」をそのままで済ませず、現在のわれわれが普段使用する語彙で置きかえたらどうなるだろうか。『岩波国語辞典』では「なんとなく哀れに感ずること」となっていたが、「哀れ」にさらに同辞典の語釈を代入すると、「なんとなくかわいそうだと思う心」ということになる。これはうまくない。『拾遺和歌集』の歌に即せば、「春より秋の方がなんとなくかわいそうだ」となってしまう。この「あはれ」は、「憐憫」ではなく、「寂寥」と解すべきである。

それで、「もののあはれ」は、現代語で「なんとなく寂しい／悲しい」などと訳せるかもしれない。前掲の歌の訳に代入してもさほど違和感がないだろう。辞書義をいじくりまわすなど迂遠なことをしなくとも、「もののあはれ」と言えば「なんとなく寂しい」とすぐに変換できる人もいるかもしれない。

しかし、「なんとなく寂しい／悲しい」などの訳は、実のところ原義とは大きく異なるのだ。もちろん初出から千年に亘る長い歴史を持った語であれば、時代とともにその意味も移り変わるものだが、「なんとなく寂しい／悲しい」は語義の核心からすれば、かなり偏った、ある一面だけを捉えた新しい語釈と言わなければならない。〈日本〉を貫く概念としての「もののあはれ」は、そのような現代の語感とはいささか異なっている。

「もののあはれ」を「なんとなく寂しい／悲しい」と訳すことの問題点を先に示しておけば、次のようになる。
①「もの」の部分に「なんとなく」という曖昧さを当てること。
②「あはれ」に「寂しい／悲しい」という特定の種類の感情を当てること。
③「あはれ」に主観的な感情を当てること。
①、②は語釈の問題と言えるが、③は概念の性質の問題である。「あはれ」だけとればそれはたしかにわれわれの「哀れ」に繋がる感情と言えるが、「もののあはれ」は果たして感情であろうか。もしそうだとすれば、これは先に見た「美的範疇」とは言えない。

●――「もののあはれ」は主体の感情か客体の性質か

「美的範疇」とは基本的に、主体の感情そのものではなく、客体の側にあるとされる性質である。詳しくはそれぞれ後の章で見るが、「わび」、「さび」、「いき」、「かわいい」などは、その点でどうだろうか。

われわれはたしかに「いきだねえ」、「かわいいなあ」と感じはするが、それは目の前のなんらかの対象に触発されてそう思うのであり、なにもないところに「いき」、「かわいい」を感じることはできない。「いき」、「かわいい」は主体の側の感情というより、それを触発する対象の性質を示していると言えよう。

しかし「わび」、「さび」を「わびしさ」、「さびしさ」と感じるときは、対象などなく、ひとり心の裡をかえりみているだけだと思われるかもしれない。たしかに「わびしい」、「さびしい」という歎息は、なんら思いを寄せたり寄せられたりする対象を持てないときにこそ洩れるものであるかもしれない。それはたんなる主観的感情である。

しかし、その「わびしい」、「さびしい」が「わび」、「さび」という名詞によって捉え返されるときには、すでにそれは対象の側にあるものとして、「わびしさ」や「さびしさ」を主体に喚起する契機を与える外なる存在となっている。

美的範疇とはこのように、主体の心情に何らかの「美的＝aesthetic＝感性的」な変化をもたらすものを、その変化の種類によって分類したものであり、その感覚を示す形容詞を名詞化したかたちで表される。「わびしい」、「さびしい」が「わび」、「さび」になるように（だから、「かわいい」は正確には「かわいさ」と言うべきであるが、つまりこの語は対象の性質を示しつつも、美的範疇としてはまだ充分に熟しきってはいないように思われる）。

ただし、対象の性質と言っても、完全に客観的な性質は美的範疇とは言われない。たとえば「赤」など。あるいは数値化できる性質も、やはり客観的にすぎて美的範疇には入らない。たとえば「長さ」「広さ」など。「崇高」は字のとおり「高さ」には関係するが、重要なのは「崇」の方である。ただ高いだけではだめなので、崇めたくなるような感興を主体の側に引き起こさなければならない。だから、同じアルプスであっても、そこにどの程度「崇高」を感じるかは、各々の主体により異なる。

その意味で、美的範疇は、純粋に客体の側にあるわけでもない。客体と主体に跨って位置し、客体の側から主体の心情になんらかの変化を及ぼしたときにはじめて存在すると言えるものである。あくまで一つの動的プロセスの中で生成するものだが、この過程で、対象に具わるとされる性質の方を「美的範疇」、それを受け止める主体の力あるいは働きのことを「美意識」と言う。「美意識」は美を受け止める感受性というのに近い。

「あはれ」もまた、たんに先の③のように主観的感情とするならばそれは美的性質とは言えず、対象を一切絞り込むことができない。各自が勝手に感じていればよいものとなり、議論や考察の対象ともなりえない。

「あはれ」が宣長の言うように本来は主体の歎息そのものを言語化したものであったとしても、名詞となり、さらには「もののあはれ」となったときには、明らかに対象の側が問題になっている。『岩波古語辞典』(初版)は、「あはれ」は「アという感動詞と、ハレという囃し言葉の合成語」としているが、この項を担当した大野晋はのちに自説を撤回する。[*7]「アハレ」はたんなる主体の呻きではない。その意味を確定するために、大野は、「アハレナリ」と「カナシ」とを比較する。『源氏物語』では「あはれに悲しきことども書き集めたまへり」(「明石」)など、両者はしばしば同一の対象に用いられる、ともに陰性の感情にまつわる語である。

「カナシ」は「喪失に対する恐れを基本に持って」おり、そこから「悲し」ばかりでなく「愛し」

の意も生まれる。「アハレ」は一方、必ずしも「喪失」が前提とならず、「その対象が現に存在して」いて構わない。

> カナシは対象に対する自分の無力の自覚に発するが、アハレは悲傷のときにも親愛のときにも、時には讃歌のときにも、常に対象に共感の眼差しで向っている。そこがカナシとアハレの近くて相違する点である。*8

「自分の無力の自覚」か「対象」への「共感」か、とは、われわれの文脈で言い換えればつまり、主体の側の心情なのか、対象の側の性質なのか、ということだ。「カナシ」は対象の「喪失」を契機としてはいても、自己の内なる感情に深く没入しようとするのに対し、「アハレ」は対象を「外から見ている。そこに生じてくる気持である」と大野は言う（傍点原文）。「共感」はあっても、それは主体と対象との間に適度な距離があればこそ生じうるものである。「カナシ」に沈むとき、対象は既に去り、そこには主体の感情しかない。「悲しい」は、現在でも美意識とは無縁の語であろう。

一方、「アハレ」は、対象が外にあり、それとの適度な距離があるという点で「カナシ」とは異なる。たんなる主体の感情ではなく、それを引き起こした対象の性質をも指示している。「アハレ」でなく「もののあはれ」と言う場合には、なおさらこの対象の性質という面が強調される。

ただし、西洋美学において、「美」が主体と対象とが明確に分離したところに現れるものであるのに対し、「もののあはれ」は主体の感情であるとも対象の性質であるとも言い難い曖昧なところに位置している。そして日本固有の「美学＝感性学」を考えるときに、この「もののあはれ」を抜くことができないというところにこそ〈日本〉らしさがある。

まとめよう。「もののあはれ」は、「わび」、「さび」や「いき」に比して、西洋で言うところの「美」や「美的範疇」にはすんなりと収まらず、「美的範疇」や「美意識」という枠組みそのものを揺るがすものではあるが、「美」などに代わる有効な概念を持たないわれわれは、齟齬を意識しつつも、こうした語によって考察をつづけるしかない。以後もいささかその概念を拡張しつつ、「もののあはれ」を一つの「美意識」として扱う。

対象の性質のなかにも、客観的に計測できるものもあれば、主体の構えに対してはじめて現れるものもあり、その現れそのものを「美的範疇」、それを大文字の「美」として感じる力を「美意識」と言う。正確にはこのように両者は異なるものだが、「もののあはれ」はそのどちらとも言い難いものであった。「美意識」も、つきつめれば優に一書を成すほど重大なテーマであるが、[*9]ここでは「あるものに美的価値を見出す意識、またその価値」というほどの意味として、あえて截然と「美的範疇」と分けることはしない。一連の美的経験の主体と対象との両方を含めた言い方であり、たとえば「いき」を「日本の美意識」と言うときの用法に近い。

あらかじめ言っておけば、この曖昧さは、本居宣長によって、あるいは大江健三郎によっても許されるだろう。過度の分析を「からごころ」として排するのが宣長であり、「あいまいな日本」を世界に向けて宣言したのが大江だったのだから。

●――「あはれ」が惹起するのは「寂しさ／悲しさ」だけか

さてでは、「もののあはれ」を「なんとなく寂しい／悲しい」と解した場合に残る二つの難点のうち、②を考えよう。

「寂しい／悲しい」が主観的感情にとどまるかぎり、それは美意識とは言えなかったが、「寂しみ」あるいは「悲しみ」として名詞化し、対象に具わっている一種の性質だとすればいいのではないか。（後に考えるとおり、「さびしい」は「さび」となることで、一つの立派な美意識となりえた）。

語感からすると、「寂しみ」は対象の性質とも言えるが、「悲しみ」はあくまで主体の側に存するだろう。「彼は寂しみを湛えている」と言えば、「寂しみ」は彼のものでありつつ私にそれを感じさせるものであるのに対し、「彼は悲しみに満ちている」と言えば、「悲しみ」はそれを感じる主体である彼自身のものでしかない。

しかし問題は、たとえ主体の感情に働きかける対象の性質だとしても、「寂しみ」では狭すぎる、ということである。先んじて言ってしまえば、「あはれ」に相当する単語は現代にはない。「あはれ」に現在漢字を当てるとすれば、「哀れ」あるいは「憐れ」となるだろう。われわれは「ものあはれ」をもその延長で考えがちで、大きく外れているとまでは言えないが、それでは対象を絞り込みすぎる。あるいは主体と対象との関係を限定しすぎる。

「哀れ」、「憐れ」はなんらか《不完全性》にまつわる表現であるという意味では、日本美の三属性の一つめに関わっているとは言えるが、あくまでそれを嘆くのであって、《積極的受容》とまではいかない。

「哀れ」にせよ「憐れ」にせよ、対象に心を寄せているとはいえ、相手は必ずや自分より劣った存在である。そこに気の毒さや同情を催す状態である。可能ならば「哀れ」「憐れ」を感じた後に救いの手を差し伸べることもあるだろう。

しかし、本来の「あはれ」は、大野の先の引用にもあったように、「悲傷のときにも親愛のときにも、時には讃歌のときにも」用いられた。同じ大野の『古典基礎語辞典』の「あはれ」の語釈を見よう。

事柄を傍らから見て、しみじみと感じ入った気持ちをいう。アハレの対象は広く、目に見える空の気色、感じられる雰囲気、建物のさま、あるいは道端の死人を見たとき、相手の心遣いなどにいい、奈良時代には『正倉院文書』の落書きに「春佐米乃阿波礼（はるさめのあはれ）」とあるように、「春雨」についてもアハレと思う場合がある。また、たまたま昔の恋人の手紙を見つけ出したときや、不憫な気持ちをもったときなどにいう。

また寂寥の感に強く心が包まれた場合にもいう。*10

「しみじみと感じ入った気持ち」を喚起する「事柄」であれば、対象の種類は一切問わないようにさえ見える。「哀れ」、「憐れ」では、このうちのごくごく限られた範囲しか示しえないことは明らかだろう。挙げられた例で言えば、「道端の死人」くらいしか当てはまらないのではないか。

さらには、それ以外に対象が主体より劣っていると言えるものもない。「空の気色」は主体より大きく、「相手の心遣い」はむしろ対象が主体より上にある状態である。「あはれ」は「共感」ではあっても「同情」に限定されはしない。

「寂しみ」も「哀れ」も「憐れ」も、「悲傷のとき」の陰性の感情ばかりであって、「親愛のときにも、時には讃歌のときにも」用いられるような語では全くない。

もちろん、しばしば「あはれ」の特徴を際立たせるために行われ、大野もまたそうしているように、「あはれ」と「をかし」とを比較するならば、どちらも同じく情趣を催すものだとしても、前者が陰性、後者が陽性、ということになるだろう。『源氏物語』などにも頻出する、「あはれにもをかしうも」と対で用いられている場合には、とりわけその差が強調される。

しかしでは、もともとあった「親愛」や「讃歌」の含意はどこへ行ってしまったのか。「哀れ」「憐れ」からは完全に失われ、あの豊かな「あはれ」は今や痩せ細った語になってしまった。それこそ哀れである。

「をかし」との棲み分けを図ったのだろうか。それもあるかもしれない。しかし、「あはれ」が陰性へと大きく傾斜したのはある意味必然であった。そのことについては宣長も説明しているが、先に大野による新説を見よう。「あはれ」の陰性への傾きは、頭に「もの」を載せて、「ものあはれ」あるいは「もののあはれ」という語が生じることと密接な関係がある。対であるはずの「をかし」に「もの」をつけて「ものをかし」「もののをかし」とは普通言わないことがヒントになる。

●──「もののあはれ」の「もの」は「なんとなく」という意味か

「もののあはれ」を「なんとなく寂しい／悲しい」と訳すことの最後の難点は、①「もの」を「なんとなく」という曖昧さとして解することであった。大野は「モノアハレナリのモノは「何となく」ではない」[*11]と断言する。

しかし、すくなくとも現在のわれわれがたとえば「ものがなしい」と言えば、それは「なんとなくかなしい」を意味するのではないだろうか。『広辞苑』（岩波書店、第五版）ではそのとおり「何となく悲しい。うらがなし」との語釈が載っている。『デジタル大辞泉』（小学館、二〇一七年五月）でも「なんとなく悲しい」である。「ものさびしい」の「もの」についても、両辞書は「なんとなく」という意を当てている。先に引いた『岩波国語辞典』でも、「なんとなく哀れに感ずること」であった。

一方、少し異なるのは『新明解国語辞典』（三省堂、第五版）で、「ものがなしい」は「何かにつけて（いかにも）悲しい」、「ものさびしい」は「何かにつけて（いかにも）寂しい」となっている。「なんとなく」と「何かにつけて（いかにも）」とでは、ずいぶんと懸隔があるのではないだろうか。対象が特定できない「なんとなく」と、あらゆるものが対象になる「何かにつけて（いかにも）」とでは、ともに対象が判然としないという共通項はあるが、前者より後者がかなり強く響く。これはあるいは、時代による語感の差なのだろうか。つまり、かつては「何かにつけて」という強い意味を持った「もの」が、時代とともに弱体化して「なんとなく」という意になったというような。

しかし、同じ三省堂の『全訳読解古語辞典』（第二版）では「ものがなし」は「なんとなく悲しい」、「ものさびし」は「なんとなく寂しい」と「なんとなく」派の一角を担っている。「ものがなし」にも「ものさびし」にも、例文として引かれているのは『源氏物語』であり、古代から現代まで、「ものがなし」、「ものさびし」の「もの」は「なんとなく」と解するのが優勢だということになる。

しかし、大野はそれに異を唱えるのである。といって、「何かにつけて（いかにも）」を支持しているわけでもない。

モノは平安女流文学では軽い接頭語ではない。モノアハレナリのモノは、ケハヒアハレナリ、サマアハレナリのケハヒ、サマのように、アハレナリの題目・対象である。そしてモノにはきまり、運命、忘れがたい過去の事実、逃れがたく身を取り囲む状況、周囲の状態、という大きな意味がある。モノアハレナリにはそれがはっきり現れている。[*12]

二つのことが言える。

まず、「アハレナリ」と「モノアハレナリ」との違いはもちろん「モノ」にあるが、それはまず「アハレナリの題目・対象である」ということ。「アハレナリ」が純粋に主体の心情を指す言葉だとすれば、「モノアハレナリ」は「モノ」を冠することによって対象の方に意識の重心を移しつつあるということ。

諸々の美的範疇から成る大文字の「美」の成立には、主体と対象との分離が必要であったが、ここで、たんなる感情としての「アハレ」とは異なるものとして「モノアハレ」が対象の性質として浮かび上がる。

しかし、これは「モノアハレ」であり、「もののあはれ」とはまだ異なる。大野は『古典基礎語辞典』で「ものあはれ」と「もののあはれ」の項を別々に立てながら、両者の差異についてはとりたててなにも述べていない。

「あはれ」と「ものあはれ」の違いは、「あはれ」が「個々の対象となる出来事・動作・物が提示されて、それに向き合う表現者の感情」であるのに対し、「ものあはれ」はその対象が当人の変えることのできないものである場合に使われる。

その点ではもちろん「もののあはれ」の「もの」も同じ「変えがたい対象」を指している。ただ、大野が明示しない違いを言えば、「もののあはれ」が「ものあはれなり」という形容動詞の語幹であるのに対し、「もののあはれ」は一つの名詞となっている。

ある「感覚」が「美的範疇」となるためには、形容詞が名詞化することが必須であったが、「あはれ」が「もののあはれ」を経て「もののあはれ」となることによって、未だに多分に心情的要素を濃く持っているとはいえ、たんなる主体の心情を超えて「美的＝感性的」な対象の性質としても捉えられるようになった、ということだ。

もう一つは、この対象としての「もの」は、「なんとなく」、つまりどんなものでもよいわけではなく、「きまり、運命、忘れがたい過去の事実、逃れがたく身を取り囲む状況、周囲の状態」という、主体が変化させたくともできないもの・こと、というかなり強い意味を帯びていたということ。

それがいつしか「なんとなく」という模糊とした意味に解されるようになったのはなぜか。それは、「変えがたいもの・こと」というときに、それが対象の独立した性質とは言えないからである。「変えがたい」というときには、必ずそれを「変え」ようとする主体が前提とされている。もちろんどんな美的範疇も、主体の意識を抜きには存在しないが、それでも「アルプスは崇高だ」というときに、「崇高さ」は特定の主体を離れて独立に存在するものとされる。好き嫌いは別として、アルプスを見ればある程度誰しもが感じるものとして「崇高さ」はある。
しかし、「変えがたい」とはすなわち「変えようとしても変えられない」であり、それは誰が主体であるかによって千差万別となることを避けられない。「死」、「病」などは万人に共通と言えようが、それ以上となると、誰がなにに「もののあはれ」を見出すかは一概に決められない。ここにも、「もののあはれ」が西洋的な「美」と異なり、主体の個別性から離れがたい事情が存在する。

モノノアハレについては多くの論考があるが、それらはモノの意味を追究せずにアハレばかりを論じ、かつ、アハレの本質を限定せずに文脈によって理解される、その場その場の情景や気持ちばかりを考える結果、モノノアハレが多岐にわたる意味をになうと考えられるに至ったものである。*13

大野は「もののあはれ」の項の最後でこのように批判するが、ただ、「モノ」が「変えがたい対象」であるという意味で人により異なるとすれば、そもそもこの語がもともと持っている曖昧さこそが、「なんとなく」という模糊たる意味に解される原因だったと考えられる。その「なんとなく」は自分では「変えがたい」という手の届かなさのもたらす理解を超えた存在への思いでもあっただろう。それはおのれの非力さの自覚に繫がり、自然とネガティヴな方へと傾斜する。

しかし、「あはれ」とは異なり「もののあはれ」には、非力な自らへの反省が必ず含まれ、そしてそれを受容するところに生じる情感であるという要素がある。これは前章で見た日本の美意識の三つの属性のうちの一つめと二つめにあたるものである。すなわち、《不完全性》と《その積極的受容》と。

さて、「もののあはれ」はかくして、「あはれ」のような主体の心情でもなければ、純粋に対象の性質とも言い難く、〈主体が「変えようがない」と認識した対象全般に催す感情を名詞化した概念〉だということになる。

なんとも収まりが悪いが、大野も『古典基礎語辞典』のなかで、「ものあはれ」と「もののあはれ」に関しては、「解説」だけで「語釈」の項目を一切設けていない。「あはれ」や「もの」には詳細な「語釈」の項があるのだが。

すんなりと明快に言い切る語釈がないことこそが、「もののあはれ」の最大の特徴とも言えよう。西洋の「美」の、主体から独立した抽象性・観念性に比べると、「もののあはれ」は主体と切り離しえず、さらには主客の関係において主体が多分に受動性を帯びる、という違いがある。《主客未分》こそが日本の美意識の三つの属性の一つであった。かくして「もののあはれ」は三つの属性のすべてを具えていることになる。

現代のわれわれはこのように西洋の「美」からははずれたところをもつ「もののあはれ」を「日本美」と言って憚らず、われわれもこの言い回しを用いつづけざるをえないが、前述のとおり、これはたんに、西洋の「美的範疇」のカタログにただ一ページを加えるというものではなかった、ということは覚えておくべきことだろう。むしろその枠組みに揺らぎを与えるからこそ、「日本」固有のもの、と言える。そのことにはじめて気づいたのが本居宣長だったのだ。もちろん、彼の〈日本〉は、西洋に対してではなく中国に対するものではあったが。

註

＊1――佐々木健一『美学辞典』、東京大学出版会、一九九五年、一二二頁。

＊2――西洋の美学は主に藝術を対象とするので、藝術作品のなかにはあえて「醜」を表現するものも少なくないことを考えれば、不思議なことではないだろう。人間の醜さを描く文学、苦痛に歪む顔を描いた絵画や彫刻、不協和音を轟かす音楽などを思い浮かべればいい。ただし、消極的なものが美的範疇に含まれるというのは日本美と同じように見えるかもしれないが、「醜」はあくまでそのおぞましさをおぞましさのままに味わうのであって、日本のように《積極的》価値として《受容》するわけではない。

＊3――この広義の「美」は、『判断力批判』のカントによれば、「無関心＝没利害」と「目的なき合目的性」によって特徴づけられる。花はわれわれの目を悦ばせるかもしれないが、それによってわれわれは直接利益を受けるわけではなく、また、花はわれわれを悦ばせようとして咲き誇ったわけではないにもかかわらず、あたかもわれわれを歓待しているかのように思われる。このとき、目を悦

ばせること自体は狭義の「美」だが、それにかぎらず、本来なんの利害関係も目的もないのに、そこになんらかの利害や目的が感じとられるものはすべて広い意味で「美」と言われる。そしてそのとき、人間主体にどのような心の動きをもたらすのかを、その心の動きに従って分類した対象の性質が「美的範疇」である。

＊4――西周、「善美学」、「佳趣論」、「美妙学」。中江兆民「美学」。森鷗外、「審美学」、「審美論」。西の「佳趣論」は「佳き趣味についての論」という意味で、これだけがわずかに主体の側に関する言語のニュアンスを残しているが、この訳語は残らず、他のどれも「感性」の意を欠落させていた。

＊5――ただし、西洋においては「醜」など消極性を含む範疇はあくまで例外的であるのに対し、日本の場合は、後の章で見るように、すべての美的範疇がなんらか《不完全性》を指向するという大きな違いが存在する。

＊6――「折節のうつりかはるこそ、ものごとにあはれなれ。「もののあはれは秋こそまされ」と人ごとにいふめれど、それもさるものにて、今一きは心もうきたつものは、春の気色にこそあめれ。」（吉田兼好『徒然草』第十九段）

＊7――大野晋「モノとは何か」、『語学と文学の間』、岩波書店、二〇〇六年。

＊8――同右書、七七―七八頁。

＊9――たとえば、大西克礼『美意識論史』（角川書店、一九四九年）、木幡順三『美意識論　付・作品の解釈』（東京大学出版会、一九八六年）など。

＊10――大野晋編『古典基礎語辞典』、角川学芸出版、二〇一一年、五二―五三頁。

＊11――前掲「モノとは何か」七九頁。

＊12――同右書、七八―七九頁。

＊13――前掲『古典基礎語辞典』、一二二五頁。

第3章

本居宣長の「もののあはれ」と「やまとごころ」

前章では、「もののあはれ」を「なんとなく寂しい／悲しい」とするのは、全くのあやまりとまではいかないまでもかなり偏った解釈であること、とはいえ明確な語釈を現代語でするのは難しいということを確認した。それは、われわれの「美意識」がすっかり西洋美学の枠組みに収まってしまっているためだった。

しかし、前章の冒頭でも述べたとおり、「もののあはれ」が〈日本〉を代表する一つの枢要な概念であることは、今でもわれわれの認めるところだろう。そしてそれが本居宣長によって唱えられたこともまた広く知られている。

それで、本章では宣長に従って、「もののあはれ」の意味をより明らかにすべく、語の用例に基づいてさらに深く追究するが、そのなかで宣長が唱えたことの真意をも闡明《せんめい》する。

1 宣長と「もののあはれ」

誤解されがちだが、宣長は、「日本には「もののあはれ」という固有の美意識がある」と言ったのではない。「「もののあはれ」こそが〈日本〉の固有性である」と宣言したのだ。「もののあはれ」は〈日本〉の数ある属性の一つではなく、両者は等号によって結ばれる。〈日本〉は「もものあはれ」の国なのだ。

「もののあはれ」が、一語で〈日本〉の凡てを表わすとまではいかずとも、〈日本〉の代表的な概念であることは宣長以降、広く長く認められてきた。そのことはたとえば、和辻哲郎の『日本精神史研究』（一九二六年）の目次を概観するだけでも一目瞭然である。

試みにその章題をいくつか挙げれば、「飛鳥寧楽時代の政治思想」、「推古時代における仏教受容の仕方について」、「白鳳天平の彫刻と万葉の短歌」、「枕草紙について」、「沙門道元」、「歌舞伎劇についての一考察」など、「序言」で自ら言うとおり一見して体系を考えない雑駁《ざっぱく》たる論文集だが、「飛鳥寧楽」、「万葉」、「道元」など、個々の論文は時代、作品、人物と、明確かつ具体的な焦点を持っている。

この並びに、「もののあはれ」について」がただ一人、肩身狭そうに収まっている。抽象概念が章題に採られているのは、『続日本精神史研究』（昭和十・一九三五年）までを通じて「もののあはれ」一つだけである。[*1] 和辻にとって、「もののあはれ」は他のどの概念にもまさって「日本精神」として考察すべき対象であったことは間違いない。

しかし一方、概念語を題に冠した唯一の章とはいえ、それほど多くの紙幅が割かれているわけでもなく、〈日本〉そのものと言えるほどの扱いを受けているわけでもない。それも、あくまで基本的には宣長の説に則っての解説であり、まったく独自の説を立てるためにそれと対峙し、克服しようとしているわけではない。唯一、自説を展開するのは、宣長があまり追究しようとしなかった「もののあはれ」の「もの」がなんであるかについてである。「もの」とは「意味と物とのすべてを含んだ一般的な、限定せられざる「もの」である」と言うが、ここから導きだされるのは、「物象」と「心的状態」とを問わないということであり、「理知及び意志に対して感情が特に根本的であると主張する必要を見ない。この三者のいずれを根源に置くとしても、とにかくここでは「もの」という語に現わされた一つの根源がある」ということである。[*2] 前章で見た大野のあくまで国語学的なアプローチとは異なり、和辻は思弁的な推論を重ねるが、ここでも「もののあはれ」が主体の感情と分かれた分析の対象たる性質ではないということが確認される。

『広辞苑』（第五版）の定義は次のとおり。

もの・の・あわれ【物の哀れ】
①平安時代の文学およびそれを生んだ貴族生活の中心をなす理念。本居宣長が「源氏物語」を通して指摘。「もの」すなわち対象客観と、「あはれ」すなわち感情主観の一致するところに生ずる調和的情趣の世界。優美・繊細・沈静・観照的の理念。
②人生の機微やはかなさなどに触れたときに感ずる、しみじみとした情趣。「―を解する」

まず、①は語釈とは言えない。大野晋の『古典基礎語辞典』の場合と同様「解説」と言うべきものである。これを要素に細分化すれば次のようになる。

a「平安朝の文学・貴族の理念」

b「本居宣長が「源氏物語」を通じて指摘」

c「客観と主観の一致するところに生ずる調和的情趣」

d「優美・繊細・沈静・観照的の理念」

それぞれ、aはこの概念が主に使われた空間の説明、bはこの概念を誰がどのようにとりあげたかの説明、cはこの概念がどのような状況で生ずるかの説明、dは概念の外形的説明である。c、dなどは語釈に近いと言えなくもないが、「客観と主観の調和的情趣」というだけでは概念の内容は不明だし、dはそもそもよく意味がわからない。「もののあはれ」とは「優美」や「繊細」のことである、と言えばずれているように思われるし、「もののあはれ」という概念自体が「優美」で「繊細」だ、というなら理解できなくはないが、やはり「もののあはれ」そのものの語釈とは言えない。

ただもちろん、このどれかがあやまっているというわけではなく、このような回りくどい寄せ手搦め手でしか迫りえない難しさが「もののあはれ」にある、ということだ。

一方、②は端的な語釈である。これが一番目の座を獲得できないのはなぜか。あるいは、①の外形的な説明のあとに迫った核心としてではなく、なぜ別に②として立てられているのか。それは、b宣長が「源氏物語」に即して唱えた①こそが「もののあはれ」の中心であり、②はあくまで現代のわれわれの用法にすぎないからだろう。

それで、より重要な①について宣長とともに考えていくが、cについては前章で十分考察したものの、a「平安朝の文学・貴族」、さらに言えば、b「源氏物語」というきわめて厳しい限定を受けたところにしか成立しないものだとすれば、〈日本〉という空間的・時間的広がりを代表するものなどとはまったく言えないのではないか。

解かねばならない疑問は、江戸時代の松坂の商人の家に生まれた宣長が、平安時代の貴族を描いた「源氏物語」を通して、「もののあはれ」こそ〈日本〉であるなどと果たしてほんとうに唱えたのか、もし唱えたとすればそれはどのようにして可能だったか、ということだ。

宣長が「もののあはれ」と〈日本〉をともに重視したことは間違いない。よく知られるように、彼の学究生活を前半と後半に分けたとき、それぞれ文藝と古道神道が中心的課題になっていた。図式的に振り分ければ、前半が「もののあはれ」、後半が〈日本〉ということになる。これは断絶なのだろうか。そうではない。

宣長が「もののあはれ」について論じた主な書は次の五つである。

『あしわけをぶね』(宝暦七・一七五七年頃?)
『安波礼弁』(宝暦八・一七五八年頃?)
『紫文要領』(宝暦十三・一七六三年)
『石上私淑言』(宝暦十三・一七六三年)

『源氏物語玉の小櫛』(寛政八・一七九六年)

一見してわかるとおり、宣長は四十年の長きに亘り、この問題を考えつづけていた。二十代の京都遊学の直後から、歿する五年前まで、七十二年の生涯の畢生の仕事だったと言える。

もちろんそれだけの長期間ともなれば、「もののあはれ」の捉え方も少しずつ変化しないはずがない。たとえば相良亨は宣長の「もののあはれ」論を、『あしわけをぶね』/『安波礼弁』/『紫文要領』以降、の三期に分ける。[*3]

しかしここでは、「もののあはれ」論の変遷よりも、宣長の底に一貫して流れるものの方に注目する。そこで宣長の「もののあはれ」は〈日本〉に出会うのだ。というより、この二つは同じものの別名とさえ言ってよいものだった。

2 文藝と「もののあはれ」

しかし、「もののあはれ」が問題となる文脈は、知られるとおり、本来は歌論においてであり物語論においてであった。文藝というのは、〈日本〉を語るには狭すぎる限界設定ではないだろうか。

宣長にとってはそうではなかった。それを見るためにまず、彼の語るところに従って、歌とはなにか、物語とはなにかを見よう。

『あしわけをぶね（排蘆小船）』は、その名の示すごとく、小船が深く生い茂る蘆を掻きわけ掻きわけ進むように自問自答を繰り返しながら、「うた」の本質に迫ろうとする書だが、生前には刊行されなかった。まさしく若き日の思考の航跡がそのままに残されたものと言ってよいが、それはこのような問をもって船出する（引用にあたって原文の片仮名を平仮名に直し、濁点を施し、句読法を現代的にあらためる。宣長からの引用は以下同）。

問。歌は天下の政道をたすくる道也。いたづらにもてあそび物と思ふべからず。この故に古今の序に、この心みえたり。此義いかゞ。[*4]

「古今の序」に見える「この心」がなにを指すかは、それほど明瞭ではない。「天下の政道」に直接関わる箇所と言えば、仮名序、真名序ともに、この集が天皇の勅によってなされたことを末尾近くで示すところくらいである。

これが初の勅撰歌集であったことからすれば、そのことだけである種の政治性が潜んでいたことは間違いない。しかしそれは、撰集に込められた意図であって、歌そのものが政治に寄与するものだとまでは言えない。

仮名序では、醍醐天皇が「よろづのまつりごとをきこしめすいとま、もろもろの事を捨てたまはぬあまりに、いにしへのことをも忘れじ、古りにしことをも興したまふ」という理由で紀貫之らに和歌集の編纂を命じたとしている。

しかし、諸々のことを捨てず、古いことを忘れずに、あるいはもう一度思い起こす、というだけでは、「天下の政道をたすくる」というよりは、その外側で落穂ひろいをしているだけにすぎない。それでも、宣長の時代にはたしかに、和歌は政治を助けるもので、それは日本最初の歌論である「古今の序」にも明らかだ、という説がまかりとおっていたのだろう。そうでなければこの「問」はそもそも意味をなさない。

おそらくは、次の有名な箇所が念頭に置かれていた。

力をもいれずして、天地を動かし、目に見えぬ鬼人をもあはれと思はせ、男女のなかをもやはらげ、たけきもののふの心をも慰むるは歌なり。

たしかにこれは歌の効用とも言え、治者がうまく用いれば、「天下の政道をたすくる」ものともなりえよう。しかし、「問」に対する宣長の答は次のとおりである。

答曰、非也。歌の本体、政治をたすくるためにもあらず、身をおさむる為にもあらず、ただ心に思ふことをいふより外なし。[*5]

政治を助ける歌や身のいましめになる歌もたしかにあるが、それはあくまで結果なのであり、同様に「国家の害」になる歌も「身のわざわい」となる歌もある、とつづく。それは「みな其人の心により出来る歌によるべし」。

だから、同じ「古今の序」で言えば、大事なのは、冒頭の「やまとうたは、ひとのこころをたねとして、よろづのことのはとぞなれりける。世中にある人、こと、わざ、しげきものなれば、心におもふことを、見るもの、きくものにつけて、いひいだせるなり」という一節であったことになる。「人の心[*6]」から自然にあふれだすのが歌なのだ。そこに政治的・道徳的意図がもともとあったわけではない。

それが、「いましめの心あるはすくなく、恋の歌の多き」所以である。

すべて好色のことほど人情のふかきものはなき也。千人万人みな欲するところなるゆへにこひの歌は多き也。世に賢人にて、身をおさめ善事をのみ心がけて、誠をのみ大事と思ふ人はすくなきゆへに、誠の歌すくなし。悪をのみするものも多からねば、さやうの歌もすくなし。たゞ、善悪教誡のことにかゝはらず、一時の意をのぶる歌多きは、世人の情、楽みをばねがひ、苦みをばいとひ、おもしろき事はたれもおもしろく、かなしき事はたれもかなしきものなれば、只その意にしたがふてよむが歌の道也。姦邪の心にてよまば、姦邪の歌をよむべし。好色の心にてよまば、好色の歌をよむべし。仁義の心にてよまば、仁義の歌をよむべし。ただ〱歌は一偏にかたよれるものにてはなきなり。実情をあらはさんとおもはば、実情をよむべし、いつはりをいはむとおもはば、いつはりをよむべし、詞をかざり面白くよまんとおもはば、面白くかざりよむべし。只意にまかすべし、これすなはち実情なり。*7

長い引用になったが、「人の心」と「人情」と「実情」とがゆるやかに繋がっていることがわかるだろう。「人情」は恋をも善意をも悪意をも苦楽をも容れる無尽蔵の合切袋であり、その中のそれぞれに応じてそれぞれの歌が生まれる。

ただし「実情」となると少し複雑で、心にまず最初に生じた「実情」ばかりでなく、それをどのように歌に詠むかという意識もまた「実情」と呼ばれる。そもそもはじめに生じた「実情」とは異なる「いつはり」であっても、歌を「面白く」するためであれば、その作為もまた「実情」なのだ。

結局、「人情」はきわめて幅広く、「実情」も心にふと浮かんだものからそれをどう表現するかというメタな意識までを含んだ多層的なもので、人の心理のすべてを覆う広がりを持っている。

そしてこの「人の心」の動きはほぼそのまま「あはれ」へと置きかえられる。『安波礼弁』では、「よしあしなにごとも情のふかくかかるところをあはれと云也。悲歎。歎悲。嗟歎」*8と定義される。

しかし、前半の「よしあしなにごとも情けのふかくかかるところ」を、後半で「悲歎」や「嗟歎」など、悲しみの方向へと限定するところには論理の飛躍がないだろうか。別のところでは、「あはれは歎息の声也」とあって、やはりネガティヴな方へ方向づけられ、『あしわけをぶね』の「楽み」や「おもしろき事」は排除されているように見える。

宣長自身も、「あはれ」とはなにかという問いにすぐに明確な答が出せたわけではなかった。「あはれ」あるいは「もののあはれ」は宣長の時代にふつうに使われていた日常語であったようだが[*9]、それだけに、「予心には解りたるやうに覚ゆれど、ふと答ふべき言なし」と、現代のわれわれにも似た悩みを述懐する。宣長にとっても、「あはれ」、「もののあはれ」はわかっているようでわからないことばだったのである。ただし、彼には、これが歌というものの核心に迫るなにかであるという信念があった。

そして考えを重ねた末に、「あはれ」が「人の心」、「人情」の全体でありつつも、特に悲哀を帯びたものを言うことになった事情を、『石上私淑言』でていねいに解きほぐす。

「あはれ」とは、

見る物聞く事なすわざにふれて、情の深く感ずる事をいふ也。俗にはただ、悲哀をのみ、あはれと心得たれ共、さにあらず。すべてうれし共、おかし共、たのし共、かなしとも、こひし共、情に感ずる事はみな阿波礼也。[*10]

であって、「人の心」が動くことはすべて「あはれ」というのが本来なのであるが、しかし、

おかしき事うれしき事などには感《うご》く事浅し。かなしき事こひしきことなどには感くこと深し。故にその深く感ずるかたを、とりわきてあはれといふ事ある也。俗に悲哀をのみあはれといふも、この心ばへ也。[*11]

つまり、「人の心」あるいは「人情」にも深浅があって、悲しみの方が誰にとっても深く、とりわけその深い方を指して「あはれ」と言う。「あはれ」は全体であり部分である。

別段このような語法はめずらしいものではない。たとえば、「文学」は全体集合でありながら、「あんなものは文学とはいえない」というときの「文学」はその一部だけを指している。そしてこの場合も狭義の文学とその外側の差は深浅の差である。宣長は、大野の「もの」に関する語源的考察とは異なる道筋を通って同じ結論へ達している。

前章で、「もののあはれ」を「なんとなく寂しい／悲しい」と解することの問題について考えたが、そのうちの一つ、「あはれ」を「寂しい／悲しい」に限定することの是非については、宣長においては「あはれ」の語の持つ二重性によって解決されたと言っていいだろう。「あはれ」はそもそも広義の「人の心」、「人情」であるが、とりわけその深い部分である「悲しみ」だけを

指して使われる。『あしわけをぶね』の「悲歎」への論理的飛躍はこれで埋められた。

ただしこれはまだ「あはれ」だけのことである。「もののあはれ」というときに、「もの」とはなんなのか、それは「悲しみ」という主体の感情なのか、という問題が残っている。

●——「もののあはれ」の「もの」とはなにか

実のところ、宣長自身は「もののあはれ」の「もの」がなんであるかについて、最後まで分析の矛先を向けなかった。晩年に近い『源氏物語玉の小櫛』でも、「物いふ、物語、物まうで、物見、物いみなどいふたぐひの物にてひろくいふ時に添ふる語」とあるだけで、それ以上深く掘り下げようとはしない。前章の大野晋が見出したような「変えられないきまり、運命」というような不可変性はあまり意識されていないように見える。

一方、「すべてあはれといふはもと、見るものきく物ふるゝ事に、心の感じて出る、嘆息《なげき》の声にて、今の俗言にも、あゝといひ、はれといふなり」と言われるように、「もののあはれ」とはしたがって「何事にまれ、感ずべき事にあたりて、感ずべき心をしりて、感ずる」ことである。

ここで、「見るもの」、「きく物」に対して「ふるゝ事」、あるいは「感ずべき事」とあって、「もの」と「事」とが混在しているが、両者の間に有意な差があるようには見えない。しかし、「もののあはれ」とは言っても「ことのあはれ」と言うことはない。大野晋によれば、両者には明らかな違いがある。

コトはモノ（物・者）と対比すると特性が明らかになる。モノは人間にとって、変えることのできないいきまり、また、変えることのできない存在をいう（もう一つ、別に怨霊の意のモノがある）。それに対し、人間の力で果たすことのできる義務、意欲的に可能な行為をコトという。[*12]

荻生徂徠の古文辞学に影響を受けた宣長ほどの人間がこうした差異に無頓着なのは不思議にも思えるが、しかし現実には、「事」であっても「変えることのできない」場合はいくらでもあるだろう。より重要なのは、「もののあはれ」がたんなる「嘆息の声」としての「あはれ」の段階を超えているということである。「ひろくいふ時に添ふる語」である「もの」がついたというだけでは説明できない差が生まれていることを宣長は見逃していない。

「物のあはれをしるとはいかなる事ぞ」という問いに対して、『石上私淑言』では次のように答えられていた。

かなしかるべき事にあひてかなしく思ふは、其悲しかるべき事の心を弁《わきま》へしる故に、かなしき也。されば事にふれて、其うれしくかなしき事の心をわきまへしるを、物のあはれをしるといふなり。その事の心をしらぬ時は、うれしき事もなくかなしき事もなければ、心に思ふ事なし。[*13]

ここで「物のあはれをしる」とは「うれしくかなしき事の心をわきまへしる」と等置されている。「うれしくかなしき」は心の動きのベクトルの向きを示す例にすぎないから、つまりは「物のあはれをしる」は「事の心をわきまへしる」ことであり、「物のあはれ」とは「事の心」とほぼ同じものと捉えてよいことになる。なぜなら、「あはれ」の出発点があくまで主体の心情であったのに対し、ここで「事の心」とされているのはあくまで対象の性質だからである。ちなみに別の箇所では「物の心」という表現がほぼ同じ意味で使われている。ここでも「物」／「事」は混用されているが、ともにその「心」は主体の心情ではなく、対象の側にあるもので、それを「知る」ことが「もののあはれを知る」こととされている。

「もののあはれ」とは、たんなる個々の主体の主観的感動ではなく、あくまで対象の側にある程度客観的に具わっているものであることを、宣長も弁え知っていた。前章で考えたとおり、西洋美学のことばづかいで言えば、これにより「もののあはれ」は「美」に近づいたと言ってよいことになる。

「もののあはれ」は自然に裡から湧き出てくるものではなく、あくまで「知る」ことを契機とする。つまりは認識の問題であり、それができるのにはなんらかの学習が前もって要求されるということだ。この「もののあはれを知る」というのは、宣長独自の用語法ではない。「もののあはれ」の最も古い用例とされるのは『土佐日記』の十二月二十七日の場面である。その日、紀貫之が都に向けて船出しようとするときに、別れがたく思った人々が追いかけて来て、一緒に酒を酌み交わし、歌の交換をしていると、「かぢとりもののあはれもしらで、おのれしさけをくらひつれば、はやくいなんとて」出発を急かす。「あはれ」とは異なり、「もののあはれ」はそのはじめから「感じる」ものというより「知る」ものであった。

貫之らにとって、船出は「変えようとしても変えられない」別れであったのだが、船頭にとっては関係のないことであった。やむない別れに対して船頭が非難されているのは、このような別れがどのような心情を引き起こすかということを「知らない」からである。

この場面で、貫之たちの別れこそ、「もののあはれ」の「もの」であろう。貫之にとってそれは「変えることのできないきまり」なのである。しかし、大野晋の厳密な分類を少し緩めれば、宣長の言う「事」でもある。船頭たちはこうしたやむなき別れにおいて催さるべき感興、すなわち「事の心」を知らないのだ。

●──「もののあはれ」の感情教育

感情も教育される。喜怒哀楽という基底的なものを除けば、それより少しでも複雑な心理は、環境の影響なくしては育たないものである。議論を少しだけ先取りすれば、ここに「もののあはれ」が「やまとごころ」と結びつく契機がある。

「あはれ」もまた、宣長がその原初的なかたちとする「見るものきく物ふるゝ事に、心の感じて出る、嘆息の声」（『源氏物語玉の小櫛』）であるかぎりにおいては、誰からも学ぶことなく自然に生じるものであろうが、友とのやむなき別れのつらさは、わからない人にはわからない。

その「もののあはれ」を教えるものこそが、歌であり物語である、と宣長は考えた。

まず、歌の起源とは、『石上私淑言』によれば次のごとくである。

せんかたなく物のあはれなる事ふかき時は、さてやみなむとすれどども、こころのうちにこめてはやみがたく、しのびがたし。これを物のあはれにたへぬとはいふ也。さてさやうに堪がたき時は、をのづから其おもひあまる事を、言のはにいひいづる物也。かくのごとくあはれにたへずしておのづからほころび出づることばは、必ず長く延《ひ》きて文《あや》ある物也。これやがて歌也。*14

「あはれにたへずしておのづからほころび出づることば」こそ「あはれ」であった。「あはれ」とは嘆息そのものの擬音である。今ならさしずめ「あーあ」とでもなるであろう「長く延」いたことばである。それが「やがて歌」になる。日常の短く分節化された言語音とは異なるところに歌が発生した。
いうなれば、「あはれ」こそが最も短い歌なのだ。「あはれ」は「嘆息の声」であり、「嘆き」とは「長息《なげき》」なのだから。
しかし、これはまだ基底的な感情の自然な発露の状態であり、「もののあはれ」教育の段階には達していない。と同時に、基底的な感情の自然な発露であれば、歌を詠むことは特定の人間の特別な行為ではないはずである。
「古今の序」には次のようにあった。

世中にある人、こと、わざ、しげきものなれば、心におもふことを、見るもの、きくものにつけて、いひいだせるなり。花になくうぐひす、水にすむかはづのこゑをきけば、いきとしいけるもの、いづれかうたをよまざりける。

これを宣長は次のように解釈する。

情あれば、物にふれて必おもふ事あり。このゆゑにいきとしいけるもの、みな歌ある也。其中にも、人はことに万の物よりすぐれて、心もあきらかなれば、思ふ事もしげく深し。そのうへ人は、禽獣《きんじゅう》よりもことわざのしげき物にて、事にふるゝ事多ければいよ〳〵おもふ事おほき也。されば人は歌なくてはかなはぬことわり也。[*15]

宣長がつけくわえた部分としては、人間と花鳥との間に階層差を設けたことと、人間は「歌なくてはかなはぬ」ものだとまで言ったことである。ただし、人間と禽獣との差は「事にふるゝ事」の量的差であり、質的なものではない。

「あはれ」にも深浅の差があったのと同様に、それを感じる人間の心にも深浅の差は存在する。そしてその差は「事の心」=「もののあはれ」を知っているかどうかによるもので、それを知るためには、自らの嘆息を歌にするばかりでなく、古歌を学ばねばならないのだ。「あけくれ古き集ども又は物語ぶみなどをもてあそびつゝ、その心ばへをよく〳〵あぢはひて」、それによって「をのづからそのおもむきにうつりつゝまことの雅やかなる心もいできて」、「あはれとおもはるゝやうになりもてゆく事おほし[*16]」。

ここで、歌の「古き集」ばかりでなく、「物語ぶみ」もまた、「もののあはれ」の感情教育の教科書として推奨されている。『紫文要領』によれば、物語の本質は「世の風儀人情をありのままにかきて、物の哀をしらしむ」ことにあるからだ。

大野晋によれば、「物語」の「もの」もまた不可変性を示すものであり、本来その内容は「運命、動かしがたい事実、世間的制約、世間的に決まっていること[*17]」を述べるものであった。とすれば、物語は自然と、動かしたくとも動かせないという哀感を帯びるものとなるだろう。物語の基調は悲劇である。「もののあはれ」の教科書としてはうってつけということになる。

物語を読むことで、「人の哀なる事をみては哀と思ひ、人のよろこぶをきゝては共によろこぶ、是すなはち人情にかなふ也、物の哀をしる也」とあるように、「もののあはれ」の感情教育がなされることになる。これはつまり共感のレッスンである。

生活のなかでさまざまに心を動かされ、それが嘆息としてあらわれ、さらには文《あや》をもって歌となるが、そこにも深浅があった。古きよき歌や物語を通じて「物の心」「事の心」を知ることで、「もののあはれを知り」、深めることができた。

宣長の「もののあはれ」はこうして、たんなる主観的感情としての「あはれ」から、対象をある程度切り離すことで、主体の個別性に囚われず論じることのできる一般性を獲得した。用語としては統一されていないところもあったが、「あはれ」から「もののあはれ」を括り出すことで、一つの美意識として創造的再発見をしたのだ。

これで宣長自身が悩んだ「もののあはれ」の概念はおおよそ確定できた。それは平安から使われつづけてきた日常語だったとしても、それを主題化して思索を深めたのは宣長であり、われわれが「もののあはれ」と言えばすぐに宣長を思い出すことにも相応の理由がある。

さて、とはいえしかし最後の問題が残っている。

「いきとしいけるもの」はみなそれぞれに「あはれ」の嘆息を発するかもしれない。そのなかでも「人はことに」、「もののあはれ」を知り深めるべき存在であるとしても、さてしかし、それは人間全般に言えることではないか。とすれば、これはどこで〈日本〉と結びつくのだろうか。「もののあはれ」の教科書たる歌や物語も、かたちこそ違え、どこの国にもあるものではないだろうか。

3 「もののあはれ」と「やまとごころ」

●――「やまとごころ」の誤解

しき嶋のやまとごゝろを人とはゞ朝日にゝほふ山ざくら花

六十一歳自画自賛像に賛として書かれた歌である。宣長の作では最も有名なものだろう。時折誤解されるが、辞世の句ではない。*18

辞世と勘違いされるのは、「山桜」のゆえだろう。とりわけそれが「やまとごころ」と結びついて、「散りぎわの美学」のようなものを連想するからではないだろうか。

たしかにこの歌は、潔く散ることを推奨するための宣伝として使われたことがあった。この歌のなかの四つの語、「敷島」、「大和」、「朝日」、「山桜」は、日露戦争中には税収増のために煙草の銘柄となり、第二次大戦中には神風特別攻撃隊の四つの隊のそれぞれに冠された。煙草は特段、はかなくも煙になって消えゆくものをイメージされていたからというわけではないだろうが、特攻隊の方は明らかに華々しく散りゆく残像そのものである。そしてここには、二つめの、より大きな誤解がある。

宣長の「やまとごころ」が、「大和魂」となって現代のわれわれのなかに残すイメージは、まさしくそのようなものであろう。『広辞苑』(第五版)の「やまとだましい」の項は、「日本民族固有の精神。勇猛で潔いのが特性とされる」ということを二つめの意味としてあげている。宣長の「やまとごころ」からどれほど遠く隔たってしまったことか。

もちろん、ある日突然さまがわりしたわけではない。途中にたとえば、吉田松陰が獄中で詠んだ有名な歌、「かくすればかくなるものと知りながらやむにやまれぬ大和魂」をはさんでいる。[*19] ここには既に「勇猛」や「潔さ」の影が差しているだろう。

さらに、明治四十一(一九〇八)年に櫻井鷗村によって日本語訳された、新渡戸稲造の『武士道』のなかにはこの宣長の歌が引かれていた。あとで詳しく見るが、新渡戸が強調したのは、日本人にとって桜がいかに特別な花なのか、ということであり、「勇猛」さについては前後の文脈では全く言及されていないのだが、『武士道』と題する書物でこの歌が大きくとりあげられたということだけでも、「やまとごころ」とはすなわち「武士道」であるとのイメージは強まっただろう。

ちなみに『武士道』の原題は*Bushido: The Soul of Japan*であり、新渡戸の頭のなかでは「武士道」＝「やまとごころ／大和魂」という図式ができていたのは間違いない。

日露戦争で昂揚した「大和魂」を、デビュー小説『吾輩は猫である』（明治三十八・一九〇五年―三十九・一九〇六年）のなかでいささか揶揄をもって遇したのは夏目漱石である。


「大和魂！　と叫んで日本人が肺病やみのような咳をした」

「起し得て突兀ですね」と寒月君がほめる。

「大和魂！　と新聞屋が云う。大和魂！　と掏摸が云う。大和魂が一躍して海を渡った。英国で大和魂の演説をする。独逸で大和魂の芝居をする」

「なるほどこりゃ天然居士以上の作だ」と今度は迷亭先生がそり返って見せる。

「東郷大将が大和魂を有っている。肴屋の銀さんも大和魂を有っている。詐偽師、山師、人殺しも大和魂を有っている」

「先生そこへ寒月も有っているとつけて下さい」

「大和魂はどんなものかと聞いたら、大和魂さと答えて行き過ぎた。五六間行ってからエヘンと云う声が聞こえた」

「その一句は大出来だ。君はなかなか文才があるね。それから次の句は」

「三角なものが大和魂か、四角なものが大和魂か。大和魂は名前の示すごとく魂である。

魂であるから常にふらふらしている」
「先生だいぶ面白うございますが、ちと大和魂が多過ぎはしませんか」と東風君が注意する。「賛成」と云ったのは無論迷亭である。
「誰も口にせぬ者はないが、誰も見たものはない。誰も聞いた事はあるが、誰も遇った者がない。大和魂はそれ天狗の類か[*20]」

滑稽小説であり、誇張を差し引かなければならないが、しかしこうして揶揄の対象になるほど、当時は猫も杓子も「大和魂」を口にしていたのだろう。「一躍して海を渡った」はあるいはルーズヴェルトも愛読したという新渡戸の『武士道』の令名をやっかんでいたのかもしれない。

だが、問題は引用の最後の部分である。「大和魂」を上から下までどれほどの人間が持とうが、それが日本人の魂であるかぎり、むしろ日本人なら誰しも持っているはずのものである。ただ、それを「誰も口にせぬ者はない」となると話は違う。人は自分の持っているものならなんでも語れるわけではないからである。たとえば、われわれは、自分の持っているブローカ野についてふつう語らない。それが語ることを司る脳の一部であるにもかかわらず。知らないことについては語らないのがあたりまえだが、「大和魂」に関しては、よくわからないまま語っているのである。漱石が揶揄して「天狗の類」という所以である。意味がよくわからないまま使用している語という意味では、漱石の時代の「大和魂」とわれわれの「もののあはれ」とはよく似ている。

しかし、日中戦争が深まりゆく昭和十五（一九四〇）年ともなると、たとえば白井勇『大日本国体物語』（博文館）では、宣長のこの歌は、自分の命を惜しまず、潔く散る武士の精神を示すものとされ、『広辞苑』の二つめの意味は完成する。そしておそらく、今でも「大和魂」と言えば、「勇猛」「潔さ」「武士の精神」のことだというイメージで捉えられているだろう。

その点では「もののあはれ」よりも語義鮮明だと言えるが、それにしても「もののあはれ」と「武士道」としての「大和魂」とでは全くと言っていいほどイメージがかけ離れているのではないだろうか。このどちらもが同時に〈日本〉を代表することなど果たしてできるのだろうか。

先に見たように、宣長の学究人生を前半が文藝、後半が古道神道と、主な課題によって二分することがしばしばある。これに則って、前者が「もののあはれ」で、後者を「やまとごころ」と振り分けることもできるだろう。たしかに、最初期の書、『あしわけをぶね』で「歌の本体、政治をたすくるためにもあらず、身をおさむる為にもあらず」と言っていたときには全く関心を示さなかった「政治」に後半生では目を向け、『玉くしげ』、『秘本玉くしげ』などで直接的に論ずるに至る宣長のなかにある種の変化を見ることは可能だろう。

しかし、晩年に近い『源氏物語玉の小櫛』でも「もののあはれ」は捨てられることなく重視され、それが〈日本〉の固有性であるとする認識は変わらなかった。

もちろん、固有のものが一つでなくてはならないわけではない。とすれば、宣長が「やまとごころ」と言うときに、それはそれとして、つまり日本固有の精神は「もののあはれ」とは別に存在するということなのだろうか。

そうではない。「もののあはれ」を知る心こそが日本固有の精神なのであり、すなわち「やまとごころ」そのものなのだ。

しかし、そう断言するためには、先ほどの問い、つまり「あはれ」や「もののあはれ」は「いきとしいけるもの」に共通の、普遍的なものであり、日本固有とは言えないのではないか、という問いに答えなければならない。

たしかに「あはれ」は「いきとしいけるもの」すべての「嘆息」であり、その意味では普遍的なものであったが、宣長はそこに深浅の差のあることをも認めていた。

まずは花鳥と人間との差があったが、そればかりでなく、「人と生まれて、ことさら神国に生まれたる人間、よもや人情のなきものはあらじ」[*21]と、「神国」日本が「人情」において優れていることを宣言する。これは『あしわけをぶね』の一節だが、この書では「もののあはれ」ということばは二度しか使われておらず、それにほぼ相応するのが「人情」あるいは「実情」であった。ただし、宣長自身あまり厳密に使い分けていないが、先に見たとおり、「人情」、「あはれ」よりは「もののあはれ」の方がより高度なものということができる。

つまり、ここには三つの段階がある。生けるもの全般、人間、そして日本人となるにつれて、より深く「もののあはれ」を知るようになる。〈日本〉こそ「もののあはれ」の地理的中心である。

しかし、人間とそれ以外の違いはともかくも、なぜ場所による格差が生じるのか。先に「地理的中心」とは言ったが、もちろん宣長の頭の中に世界地図があって、諸外国のなかに日本を位置づけていたわけではない。

ただ、世界の地理や情勢の詳細は知らずとも、概念的にやはり〈日本〉は「神国」であり、この世の「中心」であった。そのとき「周辺」と目されたのは、宣長が最もよく知る外国、中国であり、おそらくそれほどはよく知らなかったインドであり、つまりは宣長が両国の基礎をなすと考えた原理であるところの儒教と仏教とである。

もちろん、宣長とて彼の国々に「人情」が欠けていると言うわけではない。

人情と云ものは、全体古も今も、唐も天竺も、此国も、かはることなし。みなみな富貴をねがひ、貧賤をいとひ、美色を悦び、美味をむさぼり、安佚《あんいつ》をねがひ、楽をこのみ、苦をいとひ、福をねがひ禍をにくむ。これらの事、一ツとしてむかしも今も、すこしもかはる事なし。（『あしわけをぶね』[*22]）

しかし、「富貴をねがひ、貧賤をいとひ……」というのは「人情」ではあっても、「もののあはれ」とは言い難い。「もののあはれ」とは、「富貴」や「美味」へのたんなる主体の欲望ではなく、不可変性という対象の性質に対する概嘆であった。「欲はただねがひもとむる心のみにて、感慨なし。情はものに感じて慨歎するもの也」と宣長は言う。このあたりも用語法に揺らぎがあるが、

「情」、「人情」に深浅の程度があり、いわば真の「情」は「ものに感じて」起こるものという点で「もののあはれ」と言うべきだろう。真の歌、よき歌もそこから生まれる。

中国やインドがその点で「もののあはれ」に欠けるのは、彼の地に歌がないからである。やまとうたがないのはあたりまえだが、広義の歌、詩において、〈日本〉は遙かに優れている、と宣長は考えた。

というのは、「詩と云ものは、おろかなる実情のありのままなる処を作り出るこそ本意なれ」というのが宣長の考える真の詩なのだが、たとえば「唐土の人は、ただ議論厳格なることにのみ、心のつながれてゐるゆへに、詩をものづからやはらぐるとはすれども、どこやらが理窟がましき処あり」と思われるからである。

漢詩は、不可変のものごとを目の前にして、自らの卑小さを慨歎するのでなく、「理窟がましき」「議論」によって事態を打開しようと図るのである。「詩は志を言い、歌は言を永ずる」という『書経』の一節が思い起こされよう。「詩歌」のうち、彼は「詩」であり、我は「歌」である。

願いを積極的にかなえようとの「志」を持つ「詩《からうた》」は、ただ変えようのないものごとをながめつつ慨歎する「歌《やまとうた》」とは位相が異なるのだ。「行跡のよしあし、心の邪正美悪は、その道〳〵にて褒貶議論すべきこと也。歌の道にてとかく論ずべきにあらず。此道にては、只その歌の善悪をこそいふべきことなれ」。文学における勧善懲悪批判は近代のものという先入観は打ち砕かれる。勧懲などに囚わるべきでないというのは、近代どころか、本来古来の文藝のありかただ、と宣長は言う。

だから、日本においても、その「本意」をはずせば歌は下る。先の宣長の言は、同時代の文藝に対する批判でもあった。「もののあはれ」には地理的ばかりでなく時間的中心もある。それは平安の王朝時代だった。「もののあはれ」を見事にあらわした作品である『源氏物語』を外つ国の「理窟がましき」「議論」によって解釈することなどもってのほかである。

此物語も歌道も儒仏の道を本意とはせず。物のあはれが本意なれば、かの道々しき書籍とひとつに心得ては、大きに本意にそむく也。それぐ\のたつる所の本意、もちゐ所のかはれる事をわきまへずして、何の道もかの道もひとつに混じて心得るはいとくらき事也。儒は儒のたつる所の本意あり、仏は仏のたつる所の本意有リ、物語は物語のたつる所の本意有リ、それをかれとこれとをしゐて、引合せてとかくいふは傅会の説といふ物也。歌・物語のたつる所の本意をもていふが正説といふ物也。(『紫文要領』*23)

ここでなによりわれわれにとって驚きなのは、「儒仏」に対抗する原理として「歌・物語」が立てられているところである。

宣長はまた言う。「歌・物語は、儒仏の道のやうに、まよひをはなれて、さとりにいる道にもあらず、身をおさめ、家をととのへ、国をおさむる道にもあらず*24」と。だから、対抗すると言っても、同じ土俵で闘うわけではない。「まよひをはなれて、さとりにいる道」がそれぞれ違うのではなく、「歌・物語」はそもそも「まよひをはなれ」ようとしないのである。それは、不可変のものごとに出遭って慨歎する、「物のあはれが本意」だからである。

「儒仏のをしへも、本人情よりいでたる物」ではあった。たとえば、ゴータマ・シッダールタが王城の東西南三つの門でそれぞれ「老」、「病」、「死」という、誰にとっても不可変の「もの」に出遭い、四つ目の北の門を出て、その三つを含む「生」というやはり不可変の運命を引き受けた上で、「さとりにいる道」を探したのが仏教のはじまりだった。

しかし、儒仏はできるだけ早くそこから離れようとする。「さとりにいる道」とは「もののあはれ」を超脱する道である。「もの」に出遭ったときの構えが「歌・物語」とは全く違うのだ。「もののあはれ」は「まよひ」つつも従容として不可変のさだめを受け入れる姿勢である。

かくして中国が儒の国、インドが仏の国だとすれば、〈日本〉は「歌」と「物語」の国だということになる。もちろん、知られるとおり、宣長の学究の後半は古道神道に向かうのであり、その方が「儒仏」との対比ははっきりするが、まずは「儒仏」という宗教的原理に対抗するものとして「歌・物語」という文藝を持ち出し、それによって〈日本〉の固有性を語ろうとしたということに最大限の注意が払われてよい。宣長にとって、なにより〈日本〉とは文藝の国だったのだ。

そして〈日本〉文藝の原理すなわち〈日本〉の原理が「もののあはれ」である以上、それは宣長が晩年に唱えた〈日本〉の精神、すなわち「やまとごころ」と当然重なるものではないかと思われる。

たしかにのちの「大和魂」の「武士道」、「勇猛」、「潔さ」というイメージと、「もののあはれ」の不可変のさだめを従容と受け入れる姿勢とはわずかに接する部分もあるだろう。しかし、宣長の考えた「もののあはれ」は、われわれの「大和魂」とは似ても似つかぬものであった。なにしろ「もののあはれ」の最高の体現者は光源氏なのだ。〈日本〉という「もののあはれ」の中心地の、さらに中心的時代である平安の華とも言えるこの貴公子に、われわれのいう「大和魂」が片鱗でもあっただろうか。

人情と云ものは、はかなく児女子のやうなるかたなるもの也。すべて男らしく正しくきつとしたることは、みな人情のうちにはなきもの也。〔中略〕もとのありていの人情と云ものは、至極まつすぐにはかなくつたなくしどけなきもの也。[*25]

師の賀茂真淵と同様に『万葉集』の価値を重んじた宣長ではあったが、真淵が『万葉考』で「ますらをぶり」を「高き直き心」とし、対する「たをやめぶり」を貶したのとは対照的に、宣長は「はかなく児女子のやうなる」心をこそ重視した。
「勇猛」な「武士」は「もののあはれ」とは無縁である。ここでは「人情」という用語になっているが、のちの『石上私淑言』で、「我御国の人心は、人の国のやうにさかしだちたる事なく、おほどかにやはらびたるならはしなれば、今の世までよみ出る歌もおのづから其心ばへにて、詩のやうにさかしだちたるすじはさらにまじらず」[*26]と言っていることからすれば、ここでも「人情」が「歌」を介して「もののあはれ」と連続していることがわかるだろう。

「もののあはれ」の属性とは、「はかなく児女子のやうなる」「至極まつすぐにはかなくつたなくしどけなきもの」で、それは「おほどかにやはらびたる」「人心」から出るものである。

これが「我御国」〈日本〉の「人心」の根本原理だとすれば、「やまとごころ」がそれと異なるものであろうはずがない。

しき嶋のやまとごゝろを人とはゞ朝日にゝほふ山ざくら花

今や、この晩年に近き宣長の思いを述べたはずのこの歌の意味は、戦で勇猛に闘い潔く散ることでないことは明らかだ。

「やまとごころ」とは、「朝日」に照り映える「山ざくら」がどれほど美しかろうと、必ずや間もなく散ってしまうことを慨歎しつつ受け入れる心である。潔く散れ、というのではなく、その「はかなくつたなくしどけなき」ありさまに「児女子」のように哀感をおぼえることである。老年の男性であっても、その思いを持ちつづけることこそが、宣長の考える「やまとごころ」を備えた〈日本〉人なのだ。

4 「もののあはれ」と〈日本〉

最後に、二章に亘って考えてきた「もののあはれ」がどのような意味で〈日本〉的であると言えるのかをまとめよう。

「やまとごころ」、「大和魂」、「日本精神」が「武士」としての「勇猛さ」や「潔さ」であるとの誤解の広まりにはからずも手を貸してしまった新渡戸『武士道』では、しかし、宣長の先の歌を誤読したりはしていなかった。

もしマシュー・アーノルドが定義したように、宗教というものが「感情によって震わされた道徳」にすぎないものであるとすれば、武士道以上に宗教の列に加えられるべき資格を有する道徳体系は他にない。

本居宣長は、日本人の無言の言表を示す言葉として次のような歌を詠んだ。

しき嶋のやまとごゝろを人とはゞ朝日にゝほふ山ざくら花

たしかに桜は、われわれ日本人が古来愛した花であり、わが国民性の象徴であった。宣長が言う「朝日にゝほふ山ざくら花」という部分に特に注目せよ。大和魂とは、ひ弱な植物ではない。自然に生じたという意味では野生のものである。それは日本の風土に固有のものである。その性質には、他の国土の花と同じようなものもあるかもしれないが、本質において、これは日本の風土だけに自生するものである。ただし、われわれ日本人の桜を好む心情は、それがわが国固有の産物であるからというわけではない。桜の花の美しさには気品があること、そしてまた、優雅であることが、他のどの花よりもわれわれ日本人の美的感覚に訴えるのである。われわれはヨーロッパ人の薔薇の花を愛でる心情を共有することはできない。薔薇は桜のもつ純粋さを欠く。そのうえ、薔薇は、その甘美さの陰には棘が隠されている。薔薇の花はいつとはなく散り果てるよりも、枝についたまま朽ち果てることを好むかのようである。その生への執着は死を厭い、恐れているようでもある。しかもこの花は華美な色合いや、濃厚な香りがある。日本の桜はこうした特性を一切持たない。われわれの日本の花、桜は、その美の下に短剣や毒を隠し持ったりはしない。自然のままにいつでも散る用意がある。その色はけっして華美とは言えず、その香りは淡く、人は飽きることがない。[*27]

論文と言うにはいささか論理を欠いているところもあるが、これを手がかりに、宣長が「やまとごころ」と「山ざくら」を結びつけた理由を考え、そこから「もののあはれ」の特性を明らかにしたい。

新渡戸は、〈日本〉を考えるときに、他者としてもちろん西洋を念頭に置いていたのだが、そのとき持ち出した「武士道」は「宗教の列に加えられるべき」ものであり、キリスト教に対して武士道というのは、目には目を、宗教には宗教をという、軸のはっきりした比較を行うためだった。その点でまず、儒仏という宗教・道徳に対して、文藝という没道徳の世界を立てた宣長とは異なる。これは宣長が特別なのである。

さて、桜についてだが、新渡戸の「桜」が明治中期から圧倒的人気をもって広がったソメイヨシノを指していたならば、「山ざくら」とはいささか品種が異なるものの、大事なのは、桜が「わが国民性の象徴」である、ということだ。桜は日本の「風土に固有」なばかりでなく、「気品」や「優雅」という属性を持つと言うが、しかしこれだけでは日本人の「美的感覚」の固有性を謳うことはできない。薔薇が「純粋さ」を欠くというのもまったく恣意的な判断と言うしかない。棘の有無はたしかに対象の属性だが、純粋に客観的な問題であり、「美的感覚」とは言えない。

結局、彼我の美意識の差の測定を可能にする唯一の物差しは「生への執着」の有無、ということになる。これは「大和魂」の「潔さ」と「もののあはれ」のさだめを受け入れる姿勢とにわずかに共通する部分だった。薔薇の華美な外見や濃厚な香りは、それが「生への執着」を示すという意味で、桜と対立する。

しかしさらに進んで、新渡戸があげていない他の対立項によっても、日本の〈日本〉たる所以、すなわち「もののあはれ」の特性を際立たせることはできる。
たとえば、美学者の佐々木健一は、おそらく新渡戸を踏まえてはいないが、やはり西洋と日本とを「バラと桜の対立」によって捉えている。[*28] それはオランダのマーストリヒトで満開の桜の大木を見た折のきわめて個人的な体験に端を発するが、そこから自分の美意識が〈日本〉のそれであることに気づくのである。

咲き誇る桜に、そこを過ぎゆくオランダの人々は全く無関心であった。しかしこれが薔薇ならば必ずや足を止めたであろう。ここには明らかに同じ花に対する彼我の差がある。それは、「バラやチューリップは、一輪であっても、それとして観賞する対象になる」が、「桜の花は見つめるべき対象となるには小さく、その美しさは群生の美だ」ということにまつわるものだ。つまりここでの対立項は、「一輪」か「群生」かということである。

この違いに注目するならば、バラと桜の対立は、実は見かけ以上に根の深い問題で、身体感覚や感性の違いに及ぶことが見えてくる。西洋の近代思想は、認識する「我」を中心におき（主観）、この我が対象（客観）を捉える、という主観―客観の軸に添って構成された。この機軸の意味は、主観が対象を支配することであって、その逆ではない。[*29]

しかし、〈日本〉を代表する桜の美意識はこれとは全く異なることを証明するため、佐々木は与謝野晶子の有名な「清水へ祇園をよぎる桜月夜こよひ逢ふ人みなうつくしき」という歌を挙げて言う。

ここでの注目点は、対象として立ち現れる花に対する、われを包むような花のあり方であり、それに応ずる感性である。対象に向かう意識が視覚的であり、知性に傾斜するのに対して、花に包まれるとき、意識は拡散し、その美は触覚的に、全身で感じとられる。[*30]

佐々木は美学者として、桜をも当然のように「美」によって語るし、そもそも晶子の歌が「うつくしき」と言っているのだが、それはあくまで西洋近代の用語によるものであり、われわれが前章から考えていることばで言えばもちろんこれは「美」というより「もののあはれ」である。「美」がそもそも主体と対象を截然と分かった上での判断であったのに対し、「もののあはれ」というのは、主体の感情でもあり対象の性質でもあるような《主客未分》の状態でもたらされるものだからである。

晶子は今、桜を見てはいない。祇園に桜はないからである。[*31]おそらくは円山公園で見た桜を引きずっている。そしてそのとき感じた「うつくしし」さは、桜ばかりでなく「こよひ逢ふ人みな」にまで広がりゆくのである。「このような美の捉え方は、おそらく西洋思想にはない」、と佐々木は言う。「晶子の自我は、彼女がそのなかにある世界の充実に、言いかえればその世界の美に包み込まれている」。

「西洋思想にはない」ばかりではない。宣長によれば中国にもインドにもないのだ。「さかしだつ」「議論」は物事を分析する。一方、「もののあはれ」は時間的にも空間的にも拡散しつつ私を包む。その意味でそれはわれわれの世界の捉え方である。ただし、「世界観」というような、主客の間の距離を前提とした視覚的なものではなく、世界の感じ方である。

世界はわたしの変えることのできるようなものではない。わたしはただ、そこに定めのあることを知り、それを感じるのみなのだ。

まとめよう。次の三点に要約できるだろう。

まず、「もののあはれ」は西洋的な「美」とは異なり、対象の性質とは分離しえない、あるいは分離する以前の主体が揺るがされる《主客未分》の感覚のことである。

またそれはおのれを包みあるいは浸食し、自分ではどうしようもない「もの」であり、そこからおのれの無力の自覚へと傾斜もする。右の心の動きはどちらかと言えばネガティヴな、《不完全》なことに対するものである。

しかしまた、それをいたずらに嘆くばかりでなく、むしろ一つの価値として積極的に受け入れることでもある。《消極性の積極的受容》という面も欠かすことができない。

以上三点は、岡倉天心のところで考えたのにまったく同じい。

二章に亘って考えてきた「もののあはれ」をまとめよう。再び西洋美学における美的範疇論において考えると、まずこれは「完全性」こそを価値とする小文字の「美 beauty」ではありえない。「もののあはれ」は《不完全性》と《その積極的受容》をこととするものだったからだ。

ではむしろ西洋の別の美的範疇、「醜」の一種ではないかというと、それも違う。「醜」は決して《積極的受容》の対象ではない。ピカソの「ゲルニカ」は、おぞましさゆえに人の心を震わせるのであり、そこで描かれている戦争の悲惨さは忌避の対象である。

一方、「大文字の美 the aesthetic」は、本来「感性的」という意味であり、心の感《うご》き全般に使われる「もののあはれ」と非常に近い面を持っていると言える。しかし、先述のとおり「美的範疇」は基本的には対象の性質をあらわすのに対し、「もののあはれ」は《主客未分》のままである。

それで、西洋的な美的範疇のどこかに「もののあはれ」がすっぽり収まることはありえない。大文字の美と限りなく接近しながらも、異なる図を描かなければならないようだ。

さらに、宣長が言うとおり、「もののあはれ」がそのまま「やまとごころ」だとすれば、たんに日本に固有の一つの美意識というものを超えて、〈日本〉というものを括り出す精神だということになる。その際、他の美意識「わび」、「いき」、「かわいい」などは凡て、「もののあはれ」の下位概念となる。ちょうど広義の「美」の下に狭義の「美」、「崇高」などがあるように。

これを西洋の美的範疇と比べて図で示せば［**図2**］のようになるだろう。

和辻哲郎も、宣長を踏まえて次のように言っている。

我々はこの宣長の美学説に相当の敬意を払うべきである。ある意味では、推古仏のあの素朴なる神秘主義を裏づけるものは、宣長の意味での「物のあはれ」だと言えなくはない。白鳳天平のあの古典的な仏像やあの刹那の叫びたる叙情詩についても同様である。鎌倉時代のあの緊張した宗教文芸、哀感に充ちた戦記物、室町時代の謡曲、徳川時代の俳諧や浄瑠璃、これらもまた「物のあはれ」の上に立つと言えよう。*32

［図2］

「無常」も「幽玄」も、「もののあはれ」のいわば亜種なのだ。「もののあはれ」が「無常」になり「幽玄」になり、さらにはやがて「わび」になり「いき」になる、という進化論的な関係にあるのではない。「もののあはれ」は他の概念全体を包括する上位概念である。ということは、先に見た三つの契機は、他の美意識のなかにも潜んでいるはずだということになる。

和辻もつづけて言うとおり、「これらの芸術の根拠となれる「物のあはれ」が、それぞれに重大な特異性を持っていること」「を見のがすことができない」。次章からは、「わび」、「さび」などの個々の美意識を、「もののあはれ」との関係とともに、〈日本〉の固有性と言えるかどうかを検証していく。

註

＊1――和辻哲郎『日本精神史研究』、『続日本精神史研究』（『和辻哲郎全集』第四巻、岩波書店、一九六二年）。
＊2――同右書、一五〇頁。
＊3――相良亨『本居宣長』、東京大学出版会、一九七八年／講談社、二〇一一年。
＊4――『本居宣長全集』第二巻、筑摩書房、一九六八年、三頁。
＊5――同右。
＊6――宣長はこの部分を「一つ心」とするテキストを使用していたこともあるが、『古今集遠鏡』（寛政九・一七九七年）では「人の心」としている。
＊7――同右書、三―四頁。
＊8――『本居宣長全集』第四巻、五八四頁。
＊9――日野龍夫『本居宣長集』解説、新潮社、一九八三年。
＊10――『本居宣長全集』第二巻、一〇五頁。
＊11――同右書、一〇六頁。
＊12――大野晋「こと」、大野晋編『古典基礎語辞典』、角川学芸出版、二〇一一年、四九六頁。
＊13――『本居宣長全集』第二巻、九九―一〇〇頁。

＊14――同右書、一〇九頁。
＊15――同右書、九九頁。
＊16――同右書、一五九頁。
＊17――大野晋「ものがたり」、前掲書、一二一二頁。
＊18――辞世は次の三首。「今よりははかなき身と嘆かじよ千代の住み家を求め得つれば」「山寺は花も紅葉も長月の中々によし心ちらねば」「山にきて終のすみかを定めきて心にかかる雲も晴れにし」。
＊19――ちなみに松陰による弟子宛の辞世は、「身はたとひ武蔵の野辺に朽ちぬとも留め置かまし大和魂」で、「潔さ」はないものの、「大和魂」＝「武士としての志」という図式のなかにある。
＊20――『漱石全集』、第一巻、岩波書店、一九九三年、二六二―二六三頁。
＊21――『本居宣長全集』第二巻、三五頁。
＊22――同右書、四六頁。
＊23――『本居宣長全集』第四巻、一一一頁。
＊24――同右書、三七頁。
＊25――『本居宣長全集』第二巻、三五頁。
＊26――同右書、一四九―一五〇頁。
＊27――新渡戸稲造『対訳　武士道』、講談社、一九九八年、二六一頁。
＊28――佐々木健一「I語彙　Aわれ　1花に囲まれる」『日本的感性　触覚とずらしの構造』、中央公論新社、二〇一〇年。
＊29――同右書、二七―二八頁。
＊30――同右書、二八―二九頁。
＊31――佐々木は前掲書でこのように言い、晶子のいる位置を祇園の街中だと捉えているが、円山公園の中の桜をも「祇園の桜」と呼ぶようである。九鬼周造の随筆「祇園の枝垂桜」（全集第五巻）では、

日本の内外で土地土地の名木を見落とさないようにしている九鬼も、祇園の桜ほど美しいものは見たことがない、と言っている。これは与謝野晶子と同じ桜だろう。円山公園の有名な枝垂桜は「祇園の桜」なのである。さらに言えば、九鬼はその桜一本の美を言うのではなく、その周りで花見をして踊っている人々をも含めて「何と善く美しいことだらう」と嘆賞するのである。その点で、佐々木による晶子の歌の解釈は九鬼にもあてはまる。

*32――『和辻哲郎全集』第四巻、一四九頁。

第4章

幽玄・わび・さび——大西克礼と西洋的「日本美」

「日本の美意識」と言われてまず思い浮かぶのは、「もののあはれ」よりもまず「幽玄」、「わび」、「さび」などかもしれない。前二章で見てきたように、「もののあはれ」は今のわれわれの西洋的・分析的なことばでは捉えがたく、それに比べれば、「わび」、「さび」の方はまだしもイメージしやすいところがある。「幽玄」は時代によって、また使われる分野によってずいぶん意味が異なるが、それでも「もののあはれ」のようにはてしなく茫漠としているわけではなく、明確な焦点を持っている。ただ、その焦点が複数あるだけだ。

この章では、一般に中世の代表的美意識と言われる「幽玄」、「わび」、「さび」について、それらの日本の美意識の属性との関係を考えるとともに、日本美を西洋の美的範疇の枠組みの中に位置づけようとした美学者、大西克礼《おおにしよしのり》の仕事を検証する。

1 「幽玄」

これも現代のわれわれの語感からはじめよう。「幽玄」は日常的に使うことばではもちろんないが、書きことばとしては現在も生きており、ある特定の状況においては現代のわれわれも感じとることのできるものだと言えるだろう。

『広辞苑』（第五版）には、まずはじめの意味として「奥深く微妙で、容易にはかり知ることのできないこと。また、あじわいの深いこと。情趣に富むこと。」があげられており、漢字の意味からしても、特に前半は違和感なく受け入れられる。「幽」は「かすか、くらい」で「玄」は「くらい」であるからだ。後半の「あじわいの深い」、「情趣に富む」となると、美的感覚の要素が入り込んでくる。

二つめの意味は「上品でやさしいこと。優雅なこと。」となっており、これは字義からは想像しがたいが、今でも文学藝術のある分野では使われている用法である。

三つめの意味は、文藝用語としてさらに細分化され、㋐「日本文学論・歌論の理念の一。優艶を基調として、言外に深い情趣・余情があること。その表現を通して見られる気分・情調的内容。」㋑「能楽論で、強さ・硬さなどに対して、優雅で柔和典麗な美しさ。」となっている。

いささか錯雑としているので、これをまず内容の面から整理すれば、次の三つに分類できよう。

①奥深い、はかり知れない、わかりづらい
②あじわい深い、余情あふれる、直接表現されているものの裏側にも訴えるものがある
③上品、優雅、柔和

一方、この語は長い時間の中で主に次の三つの分野で用いられてきた。

A　宗教的分野、主に仏教
B　歌道、歌論

C　能楽論

内容と分野との関連についてごくごく大雑把に言えば、①②③がそれぞれＡＢＣに対応する。

Ａと①の結びつきを示す例としては、『老子』にある「玄之又玄」というときの「玄」に響きあうものがあるが、より直接的には、『鎮州臨済慧照禅師語録』、すなわち『臨済録』の「示衆」にある、「寔情大難、佛法幽玄。解得可可地。」がその意をはっきりと示しているだろう。「まことの仏心を起こすのは非常に難しく、仏の法はわかりづらくきわめにくい。ただ、理解することが不可能というわけではない」という文脈において、これは美意識とは関係なく、〈日本〉とも関係がない。「もののあはれ」や「わび」、「さび」と異なり、これだけはそもそもやまとことばでなく、輸入語である。

問題は、この漢語が翻訳されることなくそのまま日本語のなかで用いられるようになってからどのような意味を帯びてきたのかということだが、たとえば最澄『一心金剛戒体秘決』の「諸法幽玄妙」というくだりに明らかなように、はじめは原意のままそっくり受け入れられた。

Ｂ、歌道の分野ではじめてこの語が用いられたのは、紀淑望による『古今和歌集』真名序においてである。そこでは「或事関神異、或興入幽玄」とあり、「神異」と「幽玄」が対に置かれ、やはり「はかり知れない」世界という意味で使われている。この段階では「幽玄」はいまだ純然たる輸入概念である。

しかし、壬生忠岑《みぶのただみね》らにより、歌論において少しずつ歌を評価する際に使われることで独特の意味を帯びるようになり、「幽玄体」という歌の様式名として採用される。そしてさらに藤原基俊らによって歌合せの判詞のなかでひとつの美的価値を示す語として用いられるようになる。

歌論用語としてこれを確立し、のちの歌論、連歌論、能楽論に大きな影響を及ぼすようにしたのは藤原俊成と言われるが、俊成自身が「幽玄」を定義したことはない。主に歌合せの判詞におけるその用例を通じてどのような意味が想定されていたのかを類推するしかなく、さらには三十五年にも亘るその使用例を統一的に捉えるのは難しい。

しかも、歌合せにおいては勝敗を決するにあたり、現実の人間関係が評価に入り込む危険性がつねにあり、俊成もまたその政治の力学から自由ではありえなかった。判詞のこのような微妙極まることばづかいをここで腑分けする余裕はない。比較的文脈から自由と思われる、俊成の歌に対する考えを端的に示したものとして有名な一節だけを見よう。

> おほかたは、歌はかならずしもをかしき節をいひ、事の理を言ひきらんとせざれども、もとより詠歌といひて、ただよみあげたるにも、うちながめたるにも、なにとなく艶にも幽玄にもきこゆる事あるなるべし。
>
> (『慈鎮和尚自歌合』十禅師十五番跋)

「をかし」という知的な興趣や「理」を超えたところに「なにとなく」あらわれるものとして「幽玄」はある。ここに〈あいまい〉という「日本美」の特徴に通ずるものが見出される。

ただし、これは②の直接的な表現の裏にあるものを示唆するばかりでなく、「艶にも幽玄にも」とあるとおり、③の意味にも隣接している。歌論においては総じて②と③の意味に跨って用いられることが多いと言える。

C、能楽論においては、『広辞苑』にもあったとおり、この語は「優雅」「柔和」などを表すとされていて、これが通念のようになっているだろう。世阿弥が「幽玄」とともに「花」をその藝の最高理念として語ったとされたことからも、両者は結びつき、「幽玄」は「花」やかな「艶」なるものとして捉えられている。

しかし、能と「幽玄」と「花」のこうした密接な結びつきは、実は一九三〇年代以降のことにすぎないという。[*1] 少なくとも世阿弥という個人を抜きにして、能と「幽玄」との結びつきは語れないが、それを説く伝書は長く秘されていて、論じることなどできないものだった。それが公開されたのは、大名家から安田善次郎のもとに渡った写本（関東大震災で消失）を、吉田東伍が『世阿弥十六部集』として翻刻、出版した、明治四十二（一九〇九）年のことだった。

ともあれ、能との関係は措いても、「幽玄」が、その字義からは思いもよらない「艶」、すなわち「優雅」に近い意味を持つことは、Bで見た俊成も述べていたところである。

美的範疇に関して言えば、BとCが中心になるが、「もののあはれ」で試みたような詳細な語意の分析はこれ以上行わない。というのは、既に同様の研究があまたあるからばかりではなく、むしろそうした研究を参照すればするほど、「幽玄」の実体はぼやけてくるからだ。結局のところ、細部に分け入るにつれて、その語の用法は時代により分野により個人により、ひいては個人のなかですら変わる。精密・正確を期すならば、ある個人における「幽玄」の意味・用法を辿るしかない。

しかしなにより、われわれの関心はこれがはたして日本の美意識と言えるのかという点に向かっており、ここでは「幽玄」という語が、「わかりづらい」という原義から、日本に入って一つの積極的な美的価値となったという経緯にのみ注目する。そうすると、「幽玄」は《不完全さの表現》と《その積極的な受容》という、日本美の三つの属性のうちのはじめの二つを満たしていることがわかる。ただ、三つめの《主客未分》という点については、つづく「わび」「さび」より、外来語だけあって、主客を分けたうえで対象に属するものというニュアンスが強いと言えるだろう。

2 「わび」

「わび」、「さび」についても、「幽玄」同様、あまり深追いはしないことを先に宣言してしまおう。というのはあとで見るように、これらの語についても、詳細な語意や用法にこだわればこだわるほど、実体が見えにくくなるからである。われわれとしてはむしろ、こうした語の焦点はなにか、そしてそれが「日本美」と言えるのかを考えることに集中する。

『広辞苑』によれば、「わび」は次の四つの意味を持つ。

①思いわずらうこと。気落ちすること。落胆。

②閑居を楽しむこと。また、その所。

③閑寂《かんじゃく》な風趣。茶道・俳諧などでいう。さび。

④罪を謝すること。あやまること。また、そのことば。

美意識にまつわる意味としては②、③だろう。しかし、語意としては①が古く、そこから②、③が派生していることはおさえておくべき点である。あるいは④に繋がることからも、これは基本的に負のイメージを持つ語だということだ。

「あはれ」、「もののあはれ」は、結果的に「哀」や「憐」に至るとしても、そもそもは「すべてうれし共、おかし共、たのし共、かなしともこひし共、情に感ずる事はみな阿波礼也。」（『石上私淑言』）と宣長も言っていたように、必ずしもその感情はネガティヴな方向に限定されていたわけではない。

「幽玄」は、美的＝感覚的価値としてはそもそもニュートラルなことばであったが、対するに、「わび」は現代語の「侘しい」、「詫びる」に残るのが本義であり、はじめから負の価値を示すことばであった。

美的範疇はたいてい形容詞が名詞として概念化されたものだが、「わび」のもととなった「わびし」は、依田瑞穂によれば、さらに動詞「わぶ」をもとにしており、それは「自分の無力さによって思いどおりにいかず、自分に失望する意。また、それによる失意や困惑、孤独感といった気持ちを外に表すことをいう」[*2]。形容詞「わびし」は、そうした失意のさまや、あるいは物質的困窮のさまをいう。《不完全性の表現》という日本の美意識の一つめの要素は満たしている。

では、「無力」、「失望」、「困惑」、「孤独」、「困窮」という一見ネガティヴとしか思われない意味が、どのようにして美的価値へと転じるのだろうか。依田は先ほどの「わぶ」の解説のなかでつづけて「世間の贅沢、豪華な趣味に対する批判として、閑寂な風趣に積極的な美を見出し、価値ありとしたこと。千利休の茶の湯などがその体現を求めた」[*3]と言っている。ここに不完全性の《積極的受容》という「日本美」の二つめの属性を見出すことができる。

「贅沢」や「豪華な趣味」はいつの世にもあるものだろうから、問題はなぜそれに対する批判が「千利休の茶の湯」において突然起きたか、ということである。たしかに、「わび」が美意識として結晶するのは、他のどこよりもまず茶道という領域においてであった。

芳賀幸四郎は、いわゆる「わび茶」成立までの過程をおおよそ次のように整理している。[*4]

ここでもまず画期をなしたのは俊成であった。『古今和歌集』の時代にその「仮名序」で理想とされたような「心」と「詞」の釣り合いのとれた歌よりも、「心あまりて詞足らず」とされる歌を俊成は積極的に評価した。これは「完全円満・均衡典雅を目ざした古代的な美に対する反逆であり、美意識の大きな転換であった」。

その「反逆」は鎌倉末期に向かって高まり、「不均衡でやつれた美が、より高次の美として高く評価されるようになった」（われわれは、「もののあはれ」という価値が古代からあったとする点で、これを必ずしも「反逆」、「転換」とは捉えず、以前からあった「日本美」の別のあらわれと考えるが、「完全円満・均衡典雅」という、西洋美に通じる価値からすれば「反逆」とも言える価値観が歌の分野において大勢を占めるようになった）。

室町時代になると、そうした美意識が能楽と連歌という領域に持ち込まれる。「心敬が連歌の理念として志向し、最高究極の美として仰いだのは、〔能楽の金春〕禅竹のばあいと同じく、春の花や秋の紅葉の感覚的な華麗の美とは対照的な緊張した冷厳な冬枯れの美、満目蕭条とした外見の底に生命力を潜在させた枯野にも似た美、簡素冷厳・寡黙寂静の美であった」。

さらに、こうした「反逆」が進行した理由として、北山文化から東山文化に入って贅沢絢爛な風潮が頽廃を招いたという時代的な背景と、そして心敬や禅竹がそれぞれ連歌と能楽の世界では片隅に追いやられていたという個人的な事情を挙げる。

この一連の記述において、芳賀は「わび茶」の起源を尋ねつつ、しかし「わび」ということばは一度も使わない。あえて使うまでもないというほどに「わび」は茶道と相即不離の関係にあるとも言えるが、しかし「わび」とはなにかを考えるときの問題は、ここにかなり明らかになっているように思われる。

まず、この概念の発生に関して、贅沢で頽廃的な文化は古今東西至るところで見られるものであり、それだけで「わび」という特殊な美意識が生まれる要素とするには全く足りないし、そこに、舞台の上で脚光を浴びることのできない個人の事情を加えたとしても、それもまたどこにでもあることにすぎない。「わび」がたんなる曳かれ者の小唄というなら、〈日本〉に固有の美意識などと殊更に言いたてるには及ばない。

しかし、「日本の美意識」と言うときに、「わび」が五指からこぼれることはないだろう。では発生の過程はしばらく措いたとしても、その内実はなんなのかと考えるときに、「幽玄」や「さび」との異同は必ずしも分明でない。茶道以外の分野ではあまり使われないことばであり、茶道においても、「わび」がことさらに強調されるのは実は戦後になってからだという。[*5]

用語の問題は非常に錯雑としている。芳賀の解説に従えば、「わび」は「わび」ということばに依らずとも語れてしまうのではないか。「わび」の第一段階とされる俊成の歌論においてそれは「余情」あるいは「幽玄」であったし、心敬は『さゝめごと』で歌の真髄を「冷え寂びた」ということばで表わしていた。「わび」を「幽玄」や「さび」から完全に切り離すのは至難の業である。『広辞苑』の「わび」の項の三つめには、そのまま「さび」と記されていた。

3 「さび」

それで、「わび」についてそのなんたるかの結論めいたことを言う前に、急ぎ「さび」についても見よう。

やはり『広辞苑』によれば、

①古びて趣のあること。閑寂なおもむき。
②謡い物・語り物において、枯れて渋い声。さびごえ。
③太く低い声。
④蕉風俳諧の根本理念の一。閑寂味の洗練されて純芸術化されたもの。句に備わる閑寂な情調。

②と③ははたして声の音調として異なるものなのか疑問が残るが、美意識というわれわれの関心からすればこれ以上深入りすることはできない。残る①と④のうち、①は一般的美意識で、④はそれが俳諧という領域でどのように用いられるかという特殊例ということになろう。

「わび」と比較するとき、扱いが違うのは、語源との連関がここに明らかでない、ということである。「さび」はもちろん「さびしい」から来るので、その項を見ると語釈の前に、「本来あった活気や生気が失われて荒涼としていると感じ、物足りなく感じる意」という説明がついている。
そこから「荒廃した感じ」「欲しい対象が欠けていて物足りない」「孤独がひしひしと感じられる」「にぎやかでない」などの意が生じる。こちらも「わび」と同様に、形容詞の段階ではネガティヴな要素しか見当たらない。金属の「錆」、「錆びる」も同根である。

依田瑞穂によれば、まず動詞「さぶ」から形容詞形が生まれたそうだ。原語でも「自然に備わった生気が衰え」たり「盛りの時を過ぎて生命力が凋落すること」と、なにひとつ良いことのなさそうな感じだが、それが「中世には、古びてかえって趣があると肯定的な見方が現れ、連用形名詞サビ（寂）として、歌論用語また俳論用語にも使われた」[*6]としている。

「さぶ」が歌に現れるのは早い。『万葉集』には沙弥満誓《さみまんせい》が大伴旅人との別れに際して贈った歌がある。

まそ鏡見飽かぬ君に後れてや朝夕にさびつつをらむ

「まそ鏡」は「真澄鏡」で、「見る」にかかる枕詞。この歌は別れた友を思い、「さびしい」と嘆じているだけにも見えるが、それでもある種の「趣」を表現しているであろう。

これを美的価値を示すことばとして確立したのは、またもや藤原俊成だった。「幽玄」と同様に、きちんとした定義のないまま歌合せの判詞のなかで評価の用語として使っている。

住吉の松吹く風の音たえてうらさびしくもすめる月かな

歌人としても有名な忠盛の子、また清盛の異母弟であった平経盛のこの歌を評して、俊成は言う。「すがた、言葉いひしりて、さびてこそ見え侍れ」。『住吉社歌合』で、これをもって経盛の歌を「勝」としているところからすれば、俊成において「さび」は評価されるべきものであった。

俳諧においてはそれはなにより求めるべき究極の理念となる。蕉門十哲のひとり、向井去来は、「句のさびはいかなる物にや」という問いに対して「さびは句の色なり。閑寂なる句をいふにあらず」と答えている。一見解釈の難しい一節だが、「さび」と「閑寂」の関係を否定しているわけではない。言いかえれば、「さびというのは句の帯びる一つの性質であって、閑寂な場面を示す句の全体を指しているのではない」ということであり、その性質とは「閑寂」と呼んでも間違いないだろう。描かれている場面が「閑寂」であったとしても、それだけで「さび」た句ができるわけではない。

「さぶ」や「さびし」が主観の感情を直接に示すものであったのに対し、ここで「さび」は対象の性質へと軸足を移しつつある。それと同時に、美的価値を表わす語への転換も果たされている。ただし、『万葉集』の例でも明らかだったように、「わび」とは異なり、「さび」は初めからたんにネガティヴな意味にとどまらない一種の趣を示唆する語でもあった。《不完全性》とその《積極的受容》という契機がここにも見出される。「さびしさ」や「孤独」は、実人生においてもちろん避けたいものであるとしても、文学的な世界ではむしろ求めるべきものとして常にあったと言うこともできる。

しかしそれでは、「さび」を「日本美」と言うこともできないのではないか、という疑問が生じる。「さびしさ」や「孤独」は文藝の普遍的とも言えるテーマなのではないか、と。

また、「さび」の側から「わび」に迫るときに、再び同じ問題、すなわち両者の境界線をどこに引けばいいのかという問題が生じる。

4 「幽玄」「わび」「さび」の関係

この三者を分明に説くことは非常に難しい。

たとえば、一九七〇年代から、塙書房がこうした概念をそれぞれ一つずつ主題とする一連の新書を上梓した。出版年月順にあげれば、数江教一『わび—侘茶の系譜—』（一九七三年）、草薙正夫『幽玄美の美学』（一九七三年）、復本一郎『さび—俊成より芭蕉への展開—』（一九八三年）となる。

この三つの書の目次を眺め渡すだけで、この三つの概念の入り組んだ関係を解きほぐすのがどれほど大変か思いやられる。

たとえば数江の『わび』は、副題にもあるとおり、はじめから謙虚に「侘茶」の外へ出ようとはしない。あくまで茶道における「わび」の追究を自らの務めと考えているが、それでも「はじめに」では「わびとさびと」という項目を設け、両者の関連に触れている。

> さびが芭蕉の俳諧における文芸的精神をいいあらわすのに最も恰好な言葉としてうけとめられているとすれば、わびの方は茶の湯の美的理念をあらわすのに最も適当な言葉だと理解すべきであろう。わびがさびと性格を異にする点があるとすれば、それはわびが文芸にではなく、造型にかかわるところからくるにちがいない。[*7]（傍点原文）

「文藝」と「造型」とが「さび」と「わび」との違いだという指摘だが、それ以上掘り下げられることはなく、最終的には心敬の「艶」や、連歌一般の「枯れる」、「冷える」、「やせる」、「たける」と「わび」との親近性を説くばかりで、こうした用語間の差異については明らかにされることがない。

つづく草薙の『幽玄美の美学』は六章から成るが、第四章は「利休における「わび」——「わび」の実存的意義——」、第五章「限界状況における文学——芭蕉における「さび」——」、最後の第六章は

「もののあはれ」であって、「幽玄」は「わび」、「さび」ばかりでなく、「もののあはれ」をも包む巨大な概念となっている。そして章の副題からわかるとおり、「わび」と「さび」の差は「利休」と「芭蕉」すなわち茶道と俳諧の領域的な差にすぎない。

復本の『さび』には、「「わび」と「さび」」という章があり、そこでは「茶においては」「「さび」は、「わび」の中に収斂されている」と言う。

また「さび・しほり・ほそみ」という章では、森川許六に則して、「幽玄」が「さび」、「しほり」、「ほそみ」の三者を「統べる」包括的概念だと言う。*8

しかしまた一方で、「和歌の「さび」でもなく、連歌や茶の世界の「さび」でもなく、まさに俳諧固有の「さび」」というものの存在に言及し、「さび」をその使用される領域によって細分化できると言う。

ここまででもかなり錯雑としているが、実はこの叢書にはもう一冊、西田正好『無常の文学―日本的無常美感の系譜―』(一九七五年)があり、そこでは第二章が「古代文学と無常観―「あはれ」の美―」、第三章「中世文学と無常観―「わび」の美―」、第四章「近世文学と無常観―「さび」の美―」となっていて、「無常」という上位概念の下に「あはれ」、「わび」、「さび」が括られ、それぞれの差は時代のそれであるという体系が編まれている。

同じ叢書のなかでさえこれほどの混乱をきたしているものを、いかにすれば収束できるのだろうか。「幽玄」、「わび」、「さび」がどのようにして現在日本的美意識と目されるようになったのか、ということについては詳細な研究があるが[*9]、われわれの目的はその経緯を辿ることではなく、これらの概念がはたして〈日本〉を代表すると言えるのかどうかを見極めることにあり、その過程で各概念の内容を復習してきたのだった。

しかし、「幽玄」、「わび」、「さび」は、時代の差だったり領域の差だったり、いずれかがいずれかを包摂したりなど、論者たちによって区々であり、さらにはそこに「無常」、「あはれ」ばかりでなく「しほり」、「ほそみ」なども加わって錯綜は極まる。

これは論者の問題というよりも、たとえば「幽玄」のところで俊成に関して見たように、一人の人間のなかでさえ時期により少しずつ意味に違いがあったりと、明確な定義のないまま、しかしさまざまな領域で多くの人間によって用いられてきたためである。

だから、歴史的に語義を究めんとしても、ある人間がある特定の領域でどのような意味で用いていたのかを細かく分析していくしかないのではないかと思われ、実際に研究はその方向で進んできた。利休の「わび」、芭蕉の「さび」というように。

しかし、そこに非歴史的な統一原理をもたらそうとした者がいた。大西克礼という美学者である。

5 大西克礼と「日本の美学」

明治二十一（一八八八）年、東京に生を享けた大西克礼は、東京帝国大学の哲学科を出たあと、そのまま講師、助教授となり、そのとき命を受けて一年間の欧州留学をした他は、帰国後、教授となり、退官までをほぼ帝都で過ごし、その後、博多で隠棲し研究をつづけるという学究一筋の人生を送った人間だった。

大西は前節で見たような錯雑とした状況を丸のまま「日本的」と見なす学的怠惰を許さない。

ところでわが国の現代に於いては、「幽玄」や「あはれ」と共に、「さび」の概念についても時折国文学者などの側から、是に対する解釈や議論を提出する者があるやうである。しかしそれ等を概観すると多くの場合に、「さび」「幽玄」「あはれ」の諸問題を、余りに緊密な一つの聯関の中に結合して、むしろそれ等のすべてに共通の美的本質と云ふやうなものを、闡明しようとする傾向が著しいやうに思はれる。例へば是等の諸問題を言はゞ同一本質の三つの歴史的顕現であるかのやうに解釈したり、また中世の「幽玄」の歴史的に発展したものが、近世の俳諧などに於ける「さび」の概念に外ならぬと云ふ風に観たりするのである。[*10]

大西は、こうした見方がそれ自体間違っているとは言わないが、ただこういう「共通の美的本質」を目指す思潮の背後にあるものを見透かす。

殊に最近のやうに精神史や思想史の方面に於いて、西洋的なるものに対して、東洋的或は日本的なるものを強調する風潮の盛なる時代にありては、わが国民の美意識や藝術思想の研究の方面に於いても、個々の現象の問題の究明がまだ必ずしも充分に行き届かない中に、早くもそれ等を貫く所謂日本的なるものゝ統一的原理を摑みだそうとする傾向が起るのは当然であらう。[*11]

一九三〇年代から、「日本精神」が時代の一つのキーワードになったが、[*12]その背景では一九三一年の満州事変勃発、一九三七年の日中戦争開始ばかりでなく、一九三三年にはナチスが政権党となり、一九三六年にはフランコによりスペイン内戦がはじまるなど、世界のあちこちで自国の固有性・優秀性を謳おうとする空気が漲みはじめていた。

吾々の問題たる「幽玄」や「あはれ」や「さび」の如き諸問題についても、それ等が意味する種々の美の本質的特性を一々丹念に究明するよりも、それ等を一つに混合してしまつて、日本的美的範疇と云つたやうなものを統一的の問題として取り扱ふ方が、美や藝術の分野に於いて、所謂「日本的」なるものを闡明し、「日本精神」を顕揚する上に便利であることは言ふ迄もない。尤も之を他面から考へると、美や藝術に於ける日本的なるものゝ最も重要なる特性の一つが、そこに含まれた一種の深き精神性にあることは、何人も之を疑ふことは出来ない。今此の精神性について此処に詳細を論ずる暇はないが、然し此の意味の精神性の深さは、ひとり美や藝術の領野に限られたものではない。それは道徳にも宗教にも深く関係して、その真の源泉はむしろ本来から云へば、非美的、超藝術的境地から発し来たるものと考へなければならぬであらう。[*13]

大西がここで指摘していることは二つある。

一つは、時局柄「日本精神」の「顕揚」があたりを蔽い尽くそうとしていたが、その存在を無下に否定しないまでも、その「顕揚」を無前提の結論にはしないということ。

もう一つは、右に関連して、「美や藝術の領野」と「道徳」や「宗教」の領域とに共通の精神的源泉を想定したということである。

これは、『あしわけをぶね』で「歌の本体、政治をたすくるためにもあらず、身をおさむる為にもあらず」と言った本居宣長とはまったくと言っていいほどそのそもそものかまえが異なる。

宣長はまず、からごころを排してやまとごころを「顕揚」しようとしたのだが、大西には今見たとおりそのような目的はなかった。

そして、宣長がからごころを批判した最大の理由は、それが「議論厳格なることにのみ、心のつながれて」「理窟がましき処」がある、すなわち過度に分析的であることだったが、大西の学はまさしく「議論厳格」で「理窟」ずくめだと言ってよい。

宣長が外を意識しつつも日本をあくまでその内側から見ようとしているのに対し、大西は西洋とその美学から日本を見る。と言うとしかし、両者があたかもシンメトリーの関係にあるかのように見えるかもしれないが、そうではない。宣長は日本を中国に比肩する、あるいはそれを上回るものとしてもあくまで対抗軸の上に置いたが、大西において西洋は日本よりも一段上の位相に属する。

> 美学にとつては、それ故に「日本的」と云ふ特色そのものは全く問題にならない。「日本的」とか「西洋的」とか云ふことは、それ自身歴史的の問題に過ぎないからである。「日本美学」などと云ふことは、便宜上の仮りの言葉としては兎も角、理論的には意味をなさないと言はねばならぬ。[*14]

大西においては、美学を含め、西洋の学は普遍的なものであり、日本の美意識は存在するとしてもあくまでその特殊例にすぎない。

さらに、宣長と大西がシンメトリカルに見えてそうでないもう一つの点として、美と道徳との関係がある。単純化して言えば、宣長は「からごころ―道徳心」に「やまとごころ―美的感性」を対置した。そのうえで、「やまとごころ」=「もののあはれ」を、儒仏とは異なる原理としての神道へと繋がるものと考えたが、一方、大西はまず「美や藝術」と「道徳」とを比較不能な別領域に置いたうえで、「美や藝術」という領野の内部で「西洋的」あるいは「日本的」なものがありうるかどうかを問うているのである。

かくして大西は、非常に難しい問を自らに課しているように見える。「幽玄」、「あはれ」、「さび」などを考えるときに、それを過度に「日本的」なるものとして顕揚してはならず、西洋美学という普遍的な学問の下に位置づけ、またそれゆえ、隣接領域である「道徳」や「宗教」には抵触しないように論じなければならないのだ。

最後の点はあるいは当たり前のように思われるかもしれないが、それはわれわれがまさしく大西以来の西洋美学を、美について考えるときの基盤としているからにほかならない。「美」を「倫理」や「論理」から截然と分けることが可能なものだとすること自体が西洋の発想なのである。

6 大西克礼の「あはれ」「幽玄」「さび」

では、大西克礼は自らに課した難題にどのように答えたのだろうか。こうした美意識のそれぞれについての思索は、先述のように一九三〇年代にはじめのブームを迎えるが、これも先述のとおり、研究が深まれば深まるほど、それぞれの美意識同士の関係は錯雑なものになっていった。そのなかで、各美意識を総体的に扱うなかで比較し、その差異を明らかにし、明確な定義を与えたのは大西以外にいない。

『幽玄とあはれ』（一九三九年）、『風雅論　「さび」の研究』（一九四〇年）というたてつづけに出した二つの書物で三つの美意識について詳しく論じるが、これはのちに『美学　上・下』（一九五九、六〇年）という大西の主著のなかにほぼそのまま生かされた。

この『美学』は、下巻が丸々「美的範疇論」であり、そこで扱われる九つの主要な美的範疇のなかの三つを、実に「あはれ」、「幽玄」、「さび」が占めるのである。

大西の美学は、彼の学んだ当時のドイツ美学の影響そのままに、美的範疇論がその中心となっていた。範疇はそもそも一つだけでは成り立たない。あくまで隣接する他の範疇との比較のなかで浮かび上がるものである。だから、美的範疇論とはさまざまな美的なるものの関係から成る体系の構築のことである。

大文字の「美」すなわち「美的＝感性的なるもの the aesthetic」の下に小文字の「美 beauty」ほかどのような美的範疇がどのような関係性で位置づけられるか。そこに「あはれ」などが入り込む余地があるのか、というのが大西の立て問いであり、先に言えばこの問いの立て方こそが彼の限界でもあった。

結論だけを見る。[*15]

大文字の「美」の下に、三つの基本的な範疇がある。「美」、「崇高」、そして「フモール」である。ごく大雑把に言えば、「美」とは「完成された感覚」、「崇高」とは「超越的な高さ・大きさの感覚」、「フモール」とは「有限性の卑小さの感覚」を与えるものだ。

西洋ではこの三つから、それぞれ「優婉（婉美）」、「悲壮（悲劇美）」、「滑稽」の三つの範疇が派生する。

一方、日本では「美」から「あはれ」が、「崇高」から「幽玄」が、「フモール」から「さび」がそれぞれ生じるというのである。「派生」や「生じる」は誤解を招くかもしれないが、時間的な関係というわけではなく、基本形とその変異体という関係のことである。

大西の考えた美的範疇の全体を図示すれば［**図3**］のようになる。

あれほど難題と見えたものに対して、きわめて明快な解を与えている。明快すぎて、拍子抜けするどころか、かえって新たな疑問が沸々と湧いてくる。

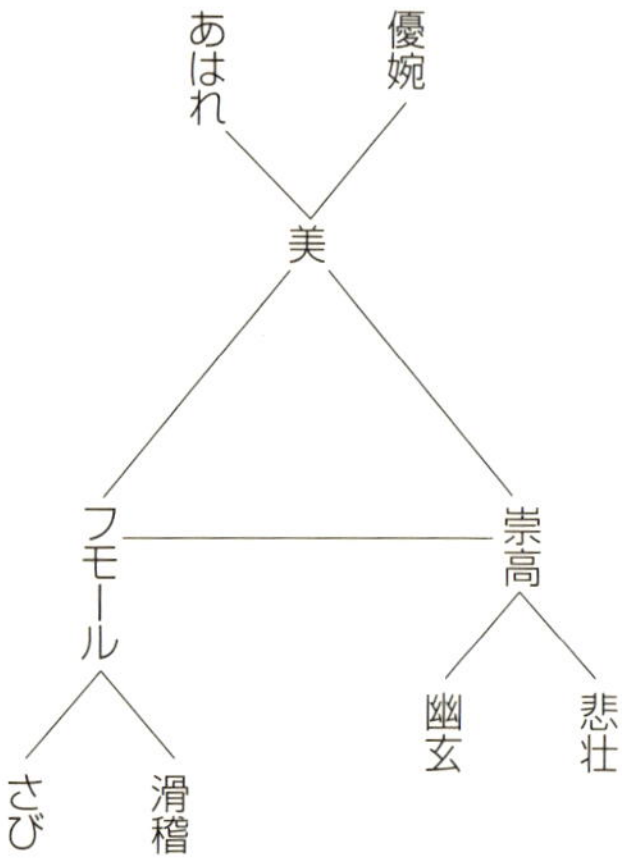

［図3］

「美」に対して「優婉」と「あはれ」を並び立たせるのははたして妥当だろうか。少なくとも宣長が考えていたような広大な「あはれ」は、ここでは限りなく矮小化されている（一方、これ以上ここでは踏み込まないが、「フモール」に対して「滑稽」と「さび」を置くのは非常にふさわしいと思える）。

そもそも三つの基本的範疇として「美」と「崇高」と「フモール」を立てるのははたして一般的なのだろうか（たとえば「優婉」は多くの場合、右の三つと並列される）。

一つの基本的な美的範疇に対して、西洋的なものと日本的なものがそれぞれ一つずつ変異体として派生するというような美しい奇跡がはたしてそれほどたやすく生ずるのだろうか（この分類自体にひとつの「美」が具わっているのは偶然だろうか）。

はたしてこれ以外に加えるべき美的範疇はないのだろうか（日本で言えば、「わび」や「いき」はどうなるのか）。

あるいはさらに、はたして西洋と日本以外には固有の美的範疇はないのか。

大西は西洋美学の分析方法を無前提の枠組みとしていた。それゆえ、その枠組みから演繹して考え、「美 the aesthetic」の巨大な棚の空いた抽斗に日本の範疇を入れていったのである。たとえば「さび」に関して、大西は基本的に芭蕉を中心とした俳諧しか例にとらない。[*16] その範囲で考えればこそ、「さび」は「滑稽」と並び立つ（もちろん、「俳諧」はただ腹を抱えて笑うようなものでもないが、そのことば自体に「滑稽」の意味を含んでいた。われわれは正岡子規の作った「俳句」の語によってそのことを忘れがちだ）。

もちろん、リンネの系統図に、日本で発見された新種が加えられていったように、西洋で作られた美的範疇図に日本の美意識が加えられて悪いことはない。「幽玄」や「わび」の西洋に通じる部分だけを見れば、たしかに図の中にきちんと収まるものであるに違いない。たとえば森鷗外は、ハルトマンの美学を説明するにあたって「幽玄」の語をもってしていた。[*17]

ただ、「もののあはれ」がそうであったように、対象の性質という部分に重きを置く「美 the aesthetic」にはそもそも括りえないような部分こそが「日本美」の「日本美」たる所以なのではないか。

大西克礼は、日本的なるものの可能性を西洋の枠組みのなかで最大限に広げて考えようとした。それはおそらく今でもわれわれ自身の発想に最も近しいものであるが、それで〈日本〉を捉えきることが可能かどうかは怪しいと言わねばならない。

とりわけ、大西の方法が問題なのは、はじめから「美的範疇」という西洋美学の概念を絶対的な前提としているため、主体と対象とを截然と分けてしまっているところである。

「幽玄」のわかりにくさ、あいまいさ、「わび」や「さび」の乏しさや枯れたところが《不完全性》と、その《消極性の積極的受容》という「日本美」の二つの契機を含み持っていることは大西の論からしても疑いない。しかしもう一つの《主客未分》に関しては、大西は一顧だにしない。美的範疇であるからには、主体から独立した性質であるに決まっていると言わんばかりに。

だが、「幽玄」が歌合せ、「わび」が茶の湯、「さび」が俳諧の連歌において結晶した概念であることを忘れてはならない。そこに前提されているのは、「座」である。主客一如となった一座建立こそが目指される境地であった。遠くから鑑賞するのではなく、主体は積極的に「美」の構築に関わっていかねばならなかった。たとえば「崇高」のように、自己との距離をもって仰ぎ見る西洋的な美とは異なるあり方なのだが、大西はこちらの方面には論を進めなかった。

大西の分析は非常に鋭く細かいものであったが、西洋の美、美学を無自覚の前提としており、そのためにその鋭利な刃で切り落とされてしまう部分があった。とりわけ、《主客未分》のような、そもそもが分析という方法にあまり馴染まない属性に関してである。

しかし、こうした西洋的な分析の絶対化は、われわれもまた日々それを行っていないかを反省すべきものである。旧い日本を見るときには、それによってとりこぼすもののあることを十分に心得ておかねばならない。大西の見たのはいわば「西洋的日本美」であり、真の意味で〈日本〉の固有性を捉えることはできなかった。

一方、大西と同じ時代に踵を接しつつも、いささか異なる方向から〈日本〉を捉えようとした者がいた。美学者ではないが、それでも〈日本〉を考えるときに自然に美意識に目が向いた。それが『「いき」の構造』の九鬼周造である。

註

＊1——岩井茂樹「能はいつから「幽玄」になったのか？」（『わび・さび・幽玄——「日本的なるもの」への道程』鈴木貞美・岩井茂樹編、水声社、二〇〇六年）の詳細な研究によれば、〈能＝「幽玄」〉という図式が出来上がるまでには、伝書の発見や、「幽玄」の理念の解明ばかりでなく、書肆の出版戦略や家元の発言などの与るところが大きかったという。

＊2——大野晋編『古典基礎語辞典』、角川学芸出版、一三四〇頁。

＊3——同右。

＊4——芳賀幸四郎『わび茶の研究』、淡交社、一九七八年。

＊5——岩井茂樹「茶道の精神とは何か？——茶と「わび」「さび」の関係史」（前掲『わび・さび・幽玄』）。ただし、岩井の言うとおり、「茶道の精神」として「わび」よりも「和敬清寂」や「さび」の方が中心的に用いられていた時期があり、現在の「わび」の強調が突出しているとしても、千利休以来の茶の湯が明らかにそれ以前と異なり「わび」を求めたことに変わりはない。

＊6——大野、前掲書、五六二頁。

＊7——数江教一『わび——侘茶の系譜——』、塙書房、一九七三年、一一頁。

＊8——草薙正夫『幽玄美の美学』、塙書房、一九七三年、二〇八頁。

*9――鈴木貞美らはこの三つの用語が特に一九三〇年代から頻繁に用いられるようになり、日本的美意識の代表と目されるようになる経緯を丹念に調べている。

当時は、和辻哲郎『日本精神史研究』(一九二六年)を皮切りに、同じ和辻の『続日本精神史研究』(一九三五年)、紀平正美『日本精神史』(一九三〇年)、『日本的なるもの』(一九四一年)、井上哲次郎『日本精神の本質』(一九三四年)などが相次いで上梓され、雑誌『思想』(一九三四年五月号)が「日本精神」特輯を組むなど、いわば「日本精神」ブームの時代であった。

多分に政治的な思惑を伴って主に宗教・道徳的な面から「日本精神」を考えるこの流れのなかで、『思想』(一九三五年四月号)が「東洋の思想と藝術」特輯を組み、ここで多くの著者が中世に焦点を当て、なかでも竹内敏雄は「世阿彌に於ける「幽玄」の美的意義」を書き、ここから次第に「幽玄」を中心とする中世の美意識がクローズアップされてくることになる、と鈴木は言う。

*10――大西克礼『風雅論 「さび」の研究』、岩波書店、一九四〇年、四頁。

*11――同右書、四頁。

*12――*1、*5の論文を参照。

*13――大西、前掲書、六頁。

*14――同右書、八頁。

*15――それぞれの美的範疇を考究する大西の手続きについては上述の書に直接あたるか、次の本が要約してくれているのを参照されたい。田中久文『日本美を哲学する　あはれ・幽玄・さび・いき』(青土社、二〇一三年)。

*16――前掲『風雅論』ではまず「緒言」で「「風雅」の概念は、もとより広狭さまざまの意味に解せられるであらう。しかし此処では蕉門の俳人たちが、此の概念を殆ど俳諧の同義語《シノニム》のやうに使つてゐる慣習に倣つて、美的範疇としての「さび」の特殊なる藝術的背景を、主として俳諧の方面に求めたところから、此の題名を附したに過ぎない」(三頁)と宣言され、「風雅」と「さび」と「俳

諧」との関係は反省されず、「さび」という「美的範疇」も自明のものとなっている。

＊17——森鷗外「柵草紙の山房論文」、『森鷗外全集』第七巻、筑摩書房、一九六〇年。

第5章

「いき」——九鬼周造と恋の美学

1
生きている「いき」?

「わび」、「さび」、「幽玄」は、一般に日本の代表的な美意識とされているとしても、日常的に使われることばとは言えない。それは死語になったからというより、そもそも領域が限られた術語だったからだ。茶の湯か俳諧か能を嗜んでいないかぎり、ふと口をついて出るようなことは誰にとってもなかっただろう。

一方、「いき」はそうではない。人びとが日常的に口にしたことばである。使われる範囲も非常に広い。藝術表現に対しても使えるし、ふとした身ごなしにも使える。ある行為を見て、その裏にある心意気に対しても「いき」を言う。そもそも「粋(いき)」は「意気」から出たのだから。

『広辞苑』(第五版)には、「いき【粋】」として次の説明がある。

(「意気」から転じた語)
①気持ちや身なりのさっぱりとあかぬけしていて、しかも色気をもっていること。
②人情の表裏に通じ、特に遊里・遊興に関して精通していること。また、遊里・遊興のこと。

思うにこれは既に九鬼周造の影響を多分に受けた語釈である。京都帝国大学で九鬼の年長の同僚であった新村出が『広辞苑』初版を出すのは昭和三〇（一九五五）年。同じ岩波書店から昭和五（一九三〇）年に上梓されるや大きな話題となった『「いき」の構造』に遅れること四半世紀。影響を受けない方が不思議だろう。

『広辞苑』にかぎらず、「いき」について語ろうとするときには誰しも九鬼周造を通らずにはいられない。それほどに『「いき」の構造』は画期的な書物であった。

しかし九鬼の論に入る前に、もう少し語そのものに対する理解を深めておこう。

おもに近世後期に流行した美意識。「意気」からきた語と考えられるが、近世に町人の遊びの世界での美意識として用いられるようになる。近世初期に、心持ちのさっぱりしているのを「いきよし」と表現しているが、近世前期の上方（かみがた）を中心とする遊びの世界では「すい」がおもな美意識であった。江戸に文化の中心が移る近世後期に、「すい」にかわって「通（つう）」「いき」が育つ。「通」が男性の遊びの美意識であるのに対して、「いき」は「いきな人」「いきなり」「いきなはからい」など、洗練された美を表す語として広く用いられる。文学の面でいえば、「通」の文学である洒落本（しゃれぼん）よりも、その後発生した女性向きの人情本に多く用いられているので、女性中心の美意識であるという見方もある。「いき」の徴表としては、九鬼（くき）周造のいう「媚態（びたい）・意気地（いきじ）・諦（あきら）め」をあげることができ、崩れそうで崩れない微妙な緊張感が「いき」を形成するものである。［武藤元昭］
（『日本大百科全書』）

やはり最後に九鬼のいう「いき」の「構造」が端的に示されているが、その前までに語誌が簡潔にまとめられている。

時代による用法・意味の変遷については『日本国語大辞典』（小学館、第二版）がさらに詳しい。

（1）本来は〔一〕のように「心ばえ」や「気合」などの意味で使われた「意気」が、江戸時代初期から〔二〕のように遊興の場での心意気を示す言葉になり、「意気」「意気地」「意気張り」などの形で「粋（すい）」や「通」の精神面を担うようになった。

（2）明和の頃から衣装風俗の様態を示す言葉として使われ始め、寛政期になると「いき」のあらゆる様態が出そろった。その精神性が拡散するにつれ、多くの場合、男性に対して使われていたこの言葉が男女の別なく使われるようになり、化政期をすぎると、女性の美しさを表わす言葉の一つとして一種の色っぽさを示すようになる。女性向けに刊行された人情本に頻出し、日本の代表的な美意識として、もっぱら「粋」の字で近代にまで及んでいる。

九鬼は論を立てるにあたってこうした語誌にはほとんど言及しない。そのことの意味はのちに考えるが、さしあたっては『日本国語大辞典』の最後、「日本の代表的な美意識として、もっぱら「粋」の字で近代にまで及んでいる」という部分に注目しよう。この「近代」は広義か狭義か。つまりここにわれわれの「現代」は含まれるか。

「わび」が現在でも人の口の端に上るとすれば、それは茶の湯という文化が生き延びているからだ。たとえ自分は茶などまったく嗜まないとしても、庭を見てわびた風情を感じとるとすれば、既に建築や作庭に関する茶の湯の精神は密かに受け継がれている。岡倉天心が言っていたように、われわれの家にも生活習慣にも料理にも美術にも文学にも、茶の湯は影響を及ぼしつづけている。「さび」や「幽玄」はそれほど広い影響力を持たないかもしれないが、それでも俳諧や能が残っている限りにおいては美意識としても生きつづけている。

しかるに、「いき」に関してはその母胎たる化政文化のなにほどが今われわれのもとに残っているだろうか。「わび」や「さび」に比べてずっと若いこの美意識は、その対象も若く、「わび」や「さび」のような「老い」の観念を含まないが、しかしそれだけに老いをきっぱりと拒絶して夭逝しようというのか。

これは、「わび」、「さび」、「幽玄」がいわば特定のハイカルチャーを中心としていたのに対し、「いき」が日常に包摂されるサブカルチャーに広がっていたことと無縁ではない。サブカルチャーの命は総じてはかなく短いものだ。だからこそそのサブカルチャーとも言えるし、日本がいくら丸山眞男言うところの「雑居文化」であっても、あらゆる文化がそのまま残るわけではない。そこでハイカルチャーとして認められたものでなければ雑居のための座席を空けてはもらえない。

われわれは、「いき」を浮世絵や着物姿や歌舞伎の一場面に辛うじて感じることはできるとしても、それが本来、日常生活のなかでいきいきと生きていたさまを見ることは難しい。

どちらかといえば、「いき」の対義語である「やぼ」の方がまだしも生活の中に残っているのではないだろうか。「やぼ用」「やぼったい」……、いやこれもまた瀕死語か。

「やぼ」

粋（すい）、通（つう）、いき、などの江戸時代の美的生活理念の反対概念を示す語である。一般に野暮の字をあてるが、野夫から転化したものと考えてよい。近世中期以後は、通の対極にあって、人情の機微を解せず、粗暴で荒々しく、とくに女性に対して露骨に性欲的な男をいう場合が多く、拡大されて無教養で文化的繊細さを欠いた男をいう。江戸の市民生活にあって、もっとも軽蔑（けいべつ）される存在であった。［神保五彌］

（『日本大百科全書』）

「人情の機微を解せず」のあたりは、さしずめ今なら「KY」とでも言うのだろうか。

しかし「いき」にせよ「やぼ」にせよ、そこで言う「人情」はまずなにより男女の仲であることが特徴的である。これは別に日本の美意識としての「いき」の偏狭さを示すものではない。むしろ本居宣長の「もののあはれ」が「恋」や「好色」においてもっともあらわれるものであったことが思い出されるだろう。

さてしかし、「いき」や「やぼ」が死に絶えつつあるのだとすれば、それは恋愛生活の変化と連動しているのではないかという想像が成り立つ。

2 『「いき」の構造』の構造

ではその変化はいつだったのかということだが、『日本国語大辞典』によれば、「いき」は少なくとも近代にまで及んでいたはずだ。そして九鬼周造も「いき」を生きた美意識として捉えていた。『「いき」の構造』の序にはこうある。

生きた哲学は現実を理解し得るものでなくてはならぬ。我々は「いき」という現象のあることを知つてゐる。しからばこの現象はいかなる構造をもつてゐるか。「いき」とは畢竟わが民族に独自な「生き」かたの一つではあるまいか。現実をありのままに把握することが、また、味得さるべき体験を論理的に言表することが、この書の追ふ課題である。*1

高らかなマニフェストは、「いき」がまだ「ある」「現実」であると宣している。それを生きたまま「ありのままに把握する」ことが論の目的である。

ここが前の章で見た大西克礼と異なるところだ。九鬼もまた西洋哲学の徒として、論理的な分析をこれから試みていくのだが、大西がしたように、あらかじめ西洋的な切り取り方で定めた大きな図式の中に日本の美意識を押し籠《こ》めていくようなことはしない。これは、大西が主に学んだのがグランドセオリー主義者のヘーゲルだったのに対し、九鬼は新カント派に飽き足りず、目の前の現実を扱う現象学に親しみ、ベルグソンやサルトルと直に交わった、というところから来る差なのかもしれない。

明治二十一（一八八八）年という同じ年に生まれ、ほぼ同じ時期を東京帝国大学哲学科で過ごした二人には、「日本美」を哲学しようという相似た野望があったが、その着想や方法論においてはそれぞれの道を辿った。大西は「あはれ」、「幽玄」、「さび」という、いわば日本美の王道たる美的範疇を扱い、壮大な体系を築くことで、日本を西洋の一員となそうとしたのに対し、九鬼は「いき」という、それまであまりとりあげられたことのない美意識に目を向け、その一つに集中して〈日本〉の固有性を考えようとした。

共通項もある。両者ともに論理を目指し、それは自然、歴史を軽視し、無時間を目指す。しかし、大西の無時間性は普遍＝不変という意味でのそれであるが、九鬼の場合は、今現在生きているものを扱う以上、過去や未来は眼中にない、という意味での無時間である。

そして、生きた具体をありのままに扱うということは、大西がとったような演繹的な方法でない方法を要求する。

我々は「いき」の理解に際して universalia の問題を唯名論の方向に解決する異端者たるの覚悟を要する。〔中略〕意味体験としての「いき」の理解は具体的な、事実的な、特殊な「存在会得」でなくてはならない。我々は「いき」の essentia を問ふ前に、先づ「いき」の existentia を問ふべきである。一言にして云へば「いき」の研究は「形相的」であつてはならない。「解釈的」であるべき筈である。*2

普遍 universalia を唯名論的に解決する、というのはつまり、普遍はたんなる「名前」であって実在しないという立場をとるということだ。「いき」の形相 idea / eidos など認めない。小林秀雄風に言えば、「いきな姿がある。姿のいきといふ様なものはない」ということだ。

しかし、それでも「いき」のなんたるかを論じなければならないとなれば、まず具体的な「いき」の例の数々を挙げて、そこから共通項を抽象するという帰納法がとられるのかというと、九鬼はそうはしない。まずは純論理的に「いき」とはなにか、その内なる要素と、外なる他の概念との関係性から「構造」を探るのだ。具体的な「いき」の表現例の検証は後回しにされる。

これが正しい手続きなのであって、これをひっくり返す、つまりさまざまな「いき」の具体例から「いき」のなんたるかを探るのは「誤謬」であり、「虚しい意図に終る」、すなわち「「いき」の民族的特殊性の把握に失敗する」と言われている。[*3]

なぜか。その部分の説明には、哲学用語、とりわけ現象学の術語がふんだんに用いられていて難解なので、思い切り噛み砕くと、「いき」に見える個々の現象から出発すると、それに似たことが他の文化にも容易に見いだせてしまうからだ。そうなれば「いき」は〈日本〉の「民族的特殊性」を語るものではなくなってしまう。

だから、九鬼は一見執拗とも見えるほどにこの手順の重要さを強調する。「一、序説」で語り、「六、結論」でほぼ同じことを繰り返す。

こうした九鬼なりの厳密な方法論によって、本書は序説と結論に挟まれる前半二部、後半二部の計六部構成がとられる。前半二部は、九鬼のことばづかいによれば、「意識現象の形において意味として開示される「いき」」の構造を、後半二部は「客観的表現の形を取った「いき」」を闡明しようとするものである。

独特なことばづかいだが、「意識現象」とは「意識に対してどのような現われ方をするか」、つまりわれわれが本書で使ってきた用語で言えば、「いき」と感じる「主観的感情」のありようだということになる。一方、「客観的表現」とは、「いき」と感じられる「対象の性質」ということになる。

九鬼は「いき」の美学を考えるにあたって、このように主体に関わる面と対象に関わる面とを分けたが、対象の性質ばかりでなく、主体の感性の側へも目配りを怠らなかった。美を考えるにおいてまず主体と対象とを截然と分ける点では西洋的な発想だが、主体の感じ方に重きを置いたのは日本的な美意識の捉え方だと言える。「いき」は、たんに対象の客観的性質の面からだけで分析しつくすことはできなかった。

3 「いき」の構造

前半、後半はさらに二部ずつに分かれる。これも九鬼の十分な配慮によるものだが、ここでも、とりわけ前半には難解な術語が鏤《ちりば》められているので、できるだけそれを用いずに九鬼の結論だけを概説する。

前半は「二、「いき」の内包的構造」「三、「いき」の外延的構造」に分かれるが、つまり「いき」を分析するとどのような要素から成り立つかが「二」で、「いき」と隣接する他の諸概念との比較によって「いき」の領域を画定するのが「三」である。それぞれ非常に有名な説が披露される。「二」では、「いき」は「媚態」と「意気地《いきじ》」と「諦め」とから成るとされる。基本は「媚態」であり、そこに「意気地」と「諦め」とが加わることで「いき」が完成される。

「いき」をたとえば同性の行為の心意気に感じるもののように思う男にとっては、その根底に横たわるものが「媚態」であるというのは驚きだろう。先に見た『日本国語大辞典』の語誌などからすれば、「媚態」としての意味は語源的・歴史的には必ずしも正しいとは言えず、「心意気」の方が古いと考えられるが、それでも「いき」という美意識にとってより根源的なのは男女の間に流れるものなのだ、と九鬼は言う。「媚態とは、一元的の自己が自己に対して異性を措定し、自己と異性との間に可能的関係を構成する二元的態度である[*4]」。

要は、自己が異性を求める関係ということに尽きるだろうが、しかし、この欲望は満たされてはならない。満たされた瞬間に「媚態」は存在意義を失うからである。「媚態とは、その完全なる形に於ては、異性間の二元的動的可能性が可能性の儘《まま》に絶対化されたものでなければならない[*5]」。「二元的動的可能性が可能性の儘に」ある、つまり二人はつかず離れずの関係を「絶対化」しなければならない。

しかし、もしこれが「媚態」の「完成」形だとすれば、これはもうほぼ「いき」そのものであり、もはや「意気地」も「諦め」も必要ないのではないか。欲望を抱き「媚態」を示しながらも、それがかなわぬことを知って「諦め」、といって悟りすましたり自暴自棄になったりすることなく、「意気地」を張り通す。「気持ちや身なりのさっぱりとあかぬけしていて、しかも色気をもっていること」という『広辞苑』の定義は、主に異性への「気持ち」に関してこの事情を語っていよう。「媚態」にのみ固執すれば見苦しいストーカーに成り果てる。しかしたんにすっぱり「諦め」るのは「いき」というよりはみすぼらしい。かなわぬ恋にそれでも「意気地」を示して相手をそっと想いつづける、それが「媚態」の完成形であり「いき」である。1と1を無理矢理合わせて2にしようとしたりせず、あくまで1＋1のままを貫く。ここにはじめて美的なるものが生まれる。これが「いき」の内包的構造である。

一方、「外延的構造」は非常に有名な図があるので、それをもって説明に代えたい。（［図4］）

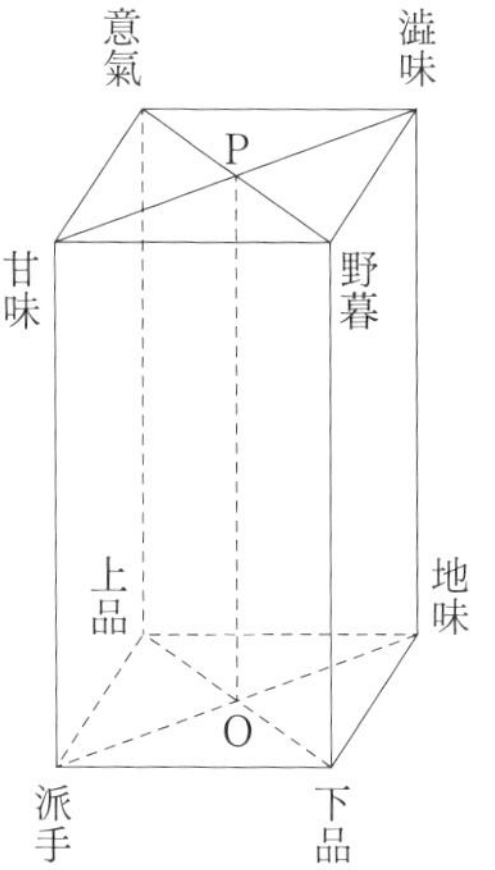

［図4］『九鬼周造全集』第1巻より。

直方体の各辺は隣接関係を示し、対角線は対義関係を示す。すなわち、「意気」[*6]は「渋味」、「甘味」、「上品」と語意の境を接しながら、「野暮」や「下品」と鋭く対立する。

「三、「いき」の外延的構造」では、こうして他の諸概念との比較考量によって「いき」の領域画定をはかるべく、一つひとつの概念が具《つぶさ》に検討されていくが、この整然たる六面体には、大西克礼のときと同様の轍を踏んでしまったのではないかとの疑念も湧く。先に全体が構想されていなければ、このように見事に整った概念図は描けないのではないか、と。

そもそも、美意識にかぎらず、ある概念群がかような一糸乱れぬ配置を見せるということがあるだろうか。均整のとれた配列へのこだわりからはきわめて西洋的な香りが漂う。完全性の表現たる西洋の美が追求されているかのようだ。

もちろん、九鬼ははじめから西洋哲学の方法で「いき」を闡明しようとしていたのだが、しかし、問題は、このようにあらかじめ図式的な思考を前提とした場合に、生きた具体をありのままに扱うという冒頭の宣言が無になってしまうのではないかという惧《おそ》れがあるということだ。その点、まずは過去に具体的な例を探してそこから標本を作ろうとした大西の方がまだ罪が軽いのではないか。

実際、耳を澄ませば、無理が祟ったとしか言えないような軋《きし》みがこの図式のあちこちから聞こえてくる。

たとえばこの便利な直方体は、ここに記されている八つ以外にも、「さび」をはじめ他の多くの美意識を説明できることになっている。

「さび」とは、O、上品、地味のつくる三角形と、P、意気、渋味のつくる三角形とを両端面に有する三角柱の名称である。わが大和民族の趣味上の特色は、この三角柱が三角柱の形で現勢的に存在する点にある。[*7]

「さび」が「大和民族の趣味上の特色」としてまだ九鬼の時代に生きていたというのは重要な証言だが、当面の問題は、「さび」が「三角柱」である、ということである。「上品」、「地味」、「意気」、「渋味」と「さび」とが境を接するというのは頷けないでもない。しかし、「上品」や「意気」がそれぞれ一つの点でしかないのに対し、なぜ「さび」は三角柱として体積を持つのか。「さび」は他の要素を包含しているのか。さまざまな要素を持つことによって次元が上がるというならば、「意気」にも「媚態」、「意気地」、「諦め」という異なる要素があったではないか。

点と立体との次元の差はなにを表しているのだろうか。九鬼は別のところでは正八面体の模型を使い、しかしそこでは「さび」は一つの頂点なのである。[*8]

他にたとえば、「乙」という美意識は、「ある四面体のうちに位置を占めている」と言われ、「きざ」は「派手と下品を結付ける直線上に位してゐる」[*9]と、点なのか線なのか面なのか立体なのか、その属する次元が不明なものもある。

'chic' は「上品と意気の二頂点を結付ける直線全体を漠然と指し」、'raffiné' は「意気と渋味とを結付ける直線が六面体の底面に向つて垂直に運動し、間もなく静止した時に、その運動が描いた矩形の名称である」[*10]とあるように、この直方体はフランスの美意識をも取り込むほどに広大無辺なのだ。

4　「本質」から「構造」へ

これ以上この図式の当否は問うまい。九鬼とて無理を十分承知の上で苦心に苦心を重ねて組み立てたに違いない。別の要素を頂点にした全く別の図式を描くこともできよう。しかしそれは、天体の運行を見るのに、地球を中心とするか太陽を中心とするかの違いでしかない。天動説も地動説も、どちらかが絶対の真理であるわけではなく、視点の違いでしかない。宇宙にそもそも中心などなく、ただ説明として、天動説だと星々の動きがきわめて複雑になってしまうから、便宜的に地動説を採用しているにすぎない。われわれは、より簡便なモデルが見つかるごとに、そちらに乗り換えるということを繰り返してきただけだ。

重要なのはだから、モデルの細部よりも、九鬼が生きた具体をありのままに捉えようとして、それでもこのような静態的なモデルを構築しなければならなかったということの方である。これはいわばやむなき妥協であった。

日本美を探求する『「いき」の構造』が、パリ留学中に、反動のようにして構想されたことはよく知られている。ここではたとえば、「西洋のデコルテのやうに、肩から胸部と背部との一帯を露出する野暮」[*11]も、「派手」な「ロシアの室内装飾に見るごとき一種の野暮」[*12]も遠慮なく切り捨てられている。

昭和十年代に入って強さを増す九鬼の民族主義の予兆をここに見出すことはたやすいが、それよりも、パリ時代に完成されていた草稿を、帰国して上梓するにあたって書きかえた部分に九鬼の自制を見るべきだろう。

草稿は『「いき」の本質』と題されていた。下書きというには完成されたもので、『全集』には『「いき」の構造』のすぐあとにそのまま載せられている。

構成は四部で、「一　文化現象の民族的特殊性」「二　「いき」の意識本質」「三　「いき」の客観化」「四　「いき」と民族性」となっており、一目して「民族」が強調されていたことがわかる。『「いき」の構造』となるにあたって、「民族」の文字は章題から削られるが、内容的にはむしろ閉鎖性を強める。[*13]草稿段階で可能性として示されていた「いき」の西洋への移植など、彼我の美意識の交流に関する記述の一切は削られ、代わりに「「いき」は欧州語としては単に類似の語を有するのみで全然同価値の語は見出し得ない。従つて「いき」とは東洋文化の、否、大和民族の特殊の存在様態の顕著な自己表明の一つであると考へて差支ない」[*14]という、いささか論に飛躍のある断言が顔を出す。前半はよいとしても、欧州にないものが東洋を飛ばしていきなり「否」の一文字で「大和民族の特殊」へと移行してしまう筆には、冷静な大西にはない、時代の昂揚が感じられる。

しかしそれでも、「本質」を避け「構造」としたところに、九鬼のアカデミックな良心が現われていると言えるだろう。先に見た、「我々は「いき」のessentiaを問ふ前に、先づ「いき」のexistentiaを問ふべきである」という宣言には、「いき」は「本質essentia」=「形相」としてあるのではなく、目の前の「存在existentia」としてあるという考えが見てとれる。むしろ「いき」とは、内部の要素の関係性と、外部の類似概念との関係性との上に成立する「構造」においてのみ生きた現実のものとなるのだ。

だからこそ、『本質』にはなかった直方体モデルを『構造』に導入することにした。図で見るといかにもリジッドではあるが、要はどの概念とどの概念とがどういう位置関係にあるのか、その配列を示しているのであり、「直六面体」の「直」にそれほど拘泥する必要はない。各辺の長さは状況に応じて伸縮してよいのだ。

「いき」との間の距離を決めるのは、あらかじめある理念ではなく、具体的な個々の場面である。

『「いき」の構造』の後半は、かくしてようやく人が「いき」を感じる対象に目を向ける。

「四　「いき」の自然的表現」「五　「いき」の藝術的表現」という二部は、章題だけを見ると、「自然nature」と「藝術art」という例の対立に基づく分類かと思われるが、さにあらず。そもそも純粋な自然現象に「いき」を求めるのはいささか無理があるだろう。

九鬼自身、「例へば柳や小雨を「いき」と感ずる如き場合をも意味し得るが、茲《ここ》では特に［中略］

身体的発表を自然形式と考へて置く[*15]」と、自然現象そのものの「いき」についての考察は避ける。「自然的表現」という章題の下に扱われるのは、ことばづかい、姿勢、身振り、表情、化粧、髪型、服装など、つまりは「身体」という「自然」にまつわるものだ。

これを第五章の「藝術的表現」とはたして截然と分かつことができるのかはいささか疑問である。ことばづかいは台詞回しになれば演劇という「藝術的表現」となるし、身体表現もまた舞踊や演劇と地続きである。衣服は、少なくとも現代においては十分「藝術」として認められている。九鬼がこれらを次章とは別にあえて「自然的表現」として立てた理由は、二つあると考えられる。一つは、「藝術的表現」がハイカルチャーに焦点を当てたものであるのに対し、ここで俗で日常的な美意識としての「いき」の本来のあり方を示しておこうとしたこと。

もう一つは、それと関連して、「いき」の「内包的構造」の根底にあるのが「媚態」だったという、他の美意識と比べたときの特殊事情である。つまり「藝術的表現」が「藝術」として不特定多数に向けられているのに対し、本来の「いき」は特定の異性に対するものであり、「自然的表現」とは、そのような意味で一個の身体にまつわるものであるかぎりをしか含んでいないということだ。

より広い範囲における「藝術的表現」は、その一つひとつに九鬼の腐心の跡が見られて興味深い。なるほどと思わされるところもあれば、それは独断にすぎぬのではないかと首を捻らざるをえないところもある。いや、独断の部分こそがおもしろい。

「いき」にかぎらず、美的＝感性的なものには最終的には言語で割り切れないところが残る。その剰余をも強いて割ろうとするときに、いかに強引さを感じさせないかが腕の見せどころだ。剰余など気にせず戦車で押し潰して進もうというのが大西だとすれば、九鬼は一つひとつを拾って洒脱な説明をつけようとする。九鬼はここで自ら「いき」を求めているかのようである。

よく知られている具体的な「藝術的表現」として、着物の柄で「いき」なのは縦縞だ、というものがある。それは、「いき」の原理的要素たる「媚態」の持つ二元性が最もよく表れた模様だからである。決して交わることのない二本の線は、「意気地」と「諦め」とを含んだ完成形としての「媚態」の「最も純粋なる視覚的客観化[*16]」である。横縞より縦縞がよりすぐれて「いき」なのは、平行線が長くつづくからだ。

「いき」の「内包的構造」はこのように、客観的視覚的に表現されうるものである。同様に、「いき」な色があり、「いき」な建築があり、「いき」な音楽がある。このそれぞれに、どのような二元的構造が見られるかは、眉に少々唾つけながら楽しんで読めばよい。ただ、忘れてならないのは、九鬼がこうした「客観的表現をとった「いき」」を、純客観的に説明しうるとはもともと思っていなかったということである。だからこそ、本論の前半において「意識現象」すなわち主体の感じ方を先に考えたのだ。「いき」に感じる心がまずあって、それを震わせる客観的な表現、対象の性質としての「いき」が存在しうる。その順序こそ、九鬼が序章と結論で、野暮を承知で繰り返さなければならないものだった。

ともあれ、「いき」の「客観的表現」には異性間の関係にまつわる身体的表現としての「自然的表現」と、ハイカルチャーにまつわる「藝術的表現」の二重性があった。この二重性もまた一つの「いき」の構造と言ってよいだろう。

5 「いき」と〈日本〉

しかしそうであっても、「いき」は狭い。「わび」や「さび」のように特定の領域を中心として持つことがなく、ハイカルチャーばかりでなく日常の機微にまで及ぶものでありながらも、これが〈日本〉全体に妥当する美意識だ、とは九鬼自身も思っていなかっただろう。先にも引いた、「「いき」とは東洋文化の、否、大和民族の特殊の存在様態の顕著な自己表明の一つであると考へて差支へない」という広言にも、「一つ」という留保がつき、「差支へない」という弱気が覗いていた。

それにはまず、九鬼自身はさらりとしか触れていないが、時代の制約の問題があった。「いき」という美意識の完成は、『日本大百科全書』では「江戸後期」、『日本国語大辞典』では「化政期」とされている。あまり歴史的なことを言わない九鬼も実は、横縞が宝暦前の趣味であることを述べたあとで、「然るに宝暦、明和頃から縦縞が流行し出して、文化文政には縦縞のみが専ら用ひられるやうになつた。縦縞は文化文政の「いき」な趣味を表はしてゐる」[17]と、「いき」と「化政期」の強い繋がりについてさらりと言い添えていた。

さらには、化政期においてさえ、「いき」は地域的、また階層的な制約をも受けていた。それは、「いき」の一要素に「意気地」があるかぎり、原理的に抱えた狭さだと言ってもよい。「(心)意気」であり「意地」でもある「意気地」は、基本的におのれより強い者に対して張られるものである。強い者＝おのれより強い者を持たぬ者は「意気地」を張る場所がなく、したがって「いき」ではありえないことになる。

九鬼はこの「意気地」を「武士道」とほぼ同じものと捉えているが、しかし右の事情により、「いき」な武士は下級武士に限られる。「武士は食はねど高楊枝」は九鬼も引いているが、この武士は大名ではないだろう。だから彼らよりも町火消や鳶、芸者や遊女が「いき」でありやすい。

そしてまた「意気地」は江戸っ子気質であり、京都大学に赴任する九鬼は明言しないが、おそらくは上方に対して張られるものであった。「野暮と化物とは箱根より東に住まぬ」を裏返せば、「いき」の生息地もまた特定されよう。また、「意気地」の問題ではないかもしれないが、田舎者も「野暮」ゆえに当然「いき」にはなりえない。

「いき」は化政期以降の江戸に住む町人たちの美意識だったと言える。

それでも「いき」を〈日本〉の代表的美意識と言い立てられたのは、九鬼が「いき」を現代にも生きているものと捉えていたからだ。そして現代においては、地域や階層といった制約もなく、

「いき」の可能性は誰に対しても開かれていた。

もちろん、中村草田男が「降る雪や明治は遠くなりにけり」と詠んだのが『「いき」の構造』の上梓された翌年の昭和六（一九三一）年。明治すら遠いのだから、江戸の化政期など遥か彼方のことだったろう。

しかし、九鬼が「序」で「現実をありのままに把握する」と宣したことからすれば、「いき」はまだなお生きていた。だから、「いき」の具体例も、できるだけ生きた現代から採ろうとする。文化八（一八一一）年の「助六所縁江戸桜」の花川戸助六を差し置いて、まず真っ先に「いき」の例として挙げられるのは、近松秋江の短編小説『意気なこと』である。

代表作『別れたる妻に送る手紙』で、終わったはずの相手を執念深く追いつづける自身の姿を描いた、近代文学者の中でも野暮の骨頂と言っていい秋江[*18]がとりあげられるのは奇妙にも思えるが、『意気なこと』の主人公はたしかに少しは「いき」なところを持っている。

とうの昔に切れた新橋芸者が、色気なしに主人公の家に立ち寄ったが、それを妻がいろいろ勘繰るので、いっそ関係がつづいていたと偽って、それを新たに断絶したと見せかけて安心させようと目論む、という話である。さっぱりとした心持ちの二人に比べて、妻や周囲の人間の野暮さが目立つが、しかしこの主人公が「いき」な男の典型とも思われない。九鬼がこれを引いたのは、タイトルの「意気なこと」が当時すなわち「女を囲う」ことを意味していた用語法の問題からだったであろう。「いき」はたんなる個人のスタイルではなく、根底に男女の仲を潜ませている。

「いき」が美意識全般の中にあって特異なのは、それが対象にとどまらず、主体の性質としてあるべきものでもあるところだ。「いき」を好む者はまずなによりも自身が「いき」であらねばならない。

日本の美意識は、主体と距離をもって向き合う対象の性質というより、主体の感情と分離されず、それゆえあえて主体／対象ということばを使いつづけるとすれば、対象から発して主体をじわじわと浸食していくような《主客未分》のところがあった。真に「わび」を好む者は、おのれを包む生活全般を「わび」たものにしていくものだ。

しかし、「いき」はより強く、自分自身の性質そのものでありえ、またそうあることが理想となる。主客を明確に分かちえないという意味で、強く「日本」的な美意識だと言ってよい。

さらに、自ら「いき」であろうとすることは、先述のとおり化政期という時期の江戸という町の町人たちという、時代、場所、身分の三重の制約の下にはじまったが、とはいえ、九鬼の時代には日本人の誰もが追い求めうるものとなっていた。東京生まれではあるものの明治の世に男爵家に生まれた九鬼が求めることができたのだから。「いき」は、新しい「日本」全体にとっての美意識となりうるものだった。

しかし、長いヨーロッパ滞在中に強く意識された〈日本〉固有の美意識としての「いき」は、実のところ当時としてもかなり薄れつつあっただろう。日本にずっととどまっていたならば、はたして「いき」の「現実をありのまま」捉えることが可能だと思ったかどうか。

たとえば、同じく外遊を経て江戸文化に執着を示した永井荷風の作品の中から『歓楽』が、秋江につづいて例として挙げられる。これはまったく「いき」な話ではない。

得やうとして、得た後の女ほど情ないものはない。この倦怠、絶望、嫌悪、何処から来るのであらう。花を散らす春の風は花を咲かした春の風である。(中略)何たる謎、矛盾であらう。[*19]

「いき」に敗れた男の独白はどこまでも惨めである。しかし、これは自ら望んだことの結果であり、その自業自得に同情の余地はない。そしてこの惨めな思いは決して日本固有のものではない。たとえばコンスタンの『アドルフ』もほぼ同工異曲の小説である。アドルフは作の序盤で既に思い人を苦心の末、手にしている。小説の残る大半は、自分の払った犠牲と後悔とによる自縄自縛にただひたすら苦しむ姿が描かれる。なんとも「野暮」としか言いようがない。

二元性に耐えられず心中してしまう近松の主人公たちも決して「いき」ではないが、それでも結ばれて後悔する日々を送るような野暮はさすがにしなかった。「倦怠、絶望、嫌悪」を感じる前にとっとと三途の川を渡ることで、二人して川辺で裾を濡らす野暮に陥らずにすんだのだ。

「いき」はさらにもう一歩手前で踏みとどまり、川の両岸を同じ方角に向かって歩きながら、決してそこを渡ろうとはしない。対岸に思いを寄せつつ、どうせ生きて渡れはしないという「諦め」

を持ち、しかし川岸を去ることもせず歩きつづける「意気地」を張る。そのとき川は見晴るかす向こうまでずっと延びている。

かくして「いき」は、恋の成就という点では《不完全》であるが、一元化を望まずその状態を貫こうとする姿をよしとする《消極性の積極的受容》という面をも持つ。さらには対象のなかに見出す性質というばかりでなく、なにより自分自身が身につけようとするものである点で《主客未分》でもあった。「日本の美意識」というにふさわしく、三契機をすべて具えている。

6 「いき」の現在

しかし、荷風の時代には既に野暮な恋が幅を利かせはじめていた。だからこそ荷風自身は江戸へと回帰してゆく。

さてでは、「わび」、「さび」のようにハイカルチャーを気取らず、それゆえ日本人全体に広がる可能性を帯びた「いき」の現在はどうなっているだろうか。

「いき」が恋する美意識だったことを思い起こそう。となれば、現在の恋愛事情を見れば、およそ「いき」の行方も知れようというものだ。

「媚態」、「意気地」、「諦め」の三要素のうち、「諦め」は、若者たちのいわゆる「草食化」現象のなかに生き残っているかのように見える。しかし、自分から積極的に相手に向かっていかないというのは明らかに「意気地」に欠けている。

そのうえさらに嵩じて「絶食」とまで言われるようになっては、「媚態」すら失せてしまっている。「いき」の根源たる「媚態」が失われれば当然「いき」の美学が存在しえようはずはない。そもそも一元化の欲望のないところでは、それを「諦め」ることも、そこで「意気地」を見せることもできない。「いき」は他のどこよりもまず現在の日本で生存可能性を否定されているかのようである。九鬼の功績は、ハイデガーをしても理解しがたいと言わしめた「いき」の概念を、日本の固有の美意識として引き上げ、明快に説明しきったことまでであった。表面的な冷静さの裏に葛藤を抱える「いき」は、やはり日本の美意識の一つではあっても、〈日本〉そのものとまでは言えないままである。

おそらく今の若い世代は、「媚態」を示し合うような関係においても、「いき」であるよりも「かわいい」と言われたいと思っている。「かわいい」こそ現代日本を代表する美意識と言っていいだろう。いや、〈日本〉がそのまま「かわいい」と結びつけられてさえいるのではないか。

しかし、「いき」と「かわいい」とでは、その射程の広さばかりでなく、そもそも方向性が違っているようにも見える。これまで見てきた日本美すべてに共通する三つの属性は、はたして「かわいい」にもあるのだろうか。それとも「かわいい」はこれまでの日本美の系譜からは切り断たれたまったく新しい種なのか。

註

*1――『九鬼周造全集』第一巻、岩波書店、一九八一年、三頁。

*2――同右書、一三―一四頁。

*3――同右書、一四頁。

*4――同右書、一七頁。

*5――同右書、一七頁。

*6――図では漢字表記で「意氣」とされているが、これはいささか錯雑としている。というのは、「二「いき」の内包的構造」においては「「いき」の第二の徴表は「意気」即ち「意気地」である」（同右書、一八頁）とあって、「意気」は「いき」の三要素の一とされていたからである。しかし、図の説明の文脈に従えば、この「意気」は「意気地」ではなく「いき」そのものと解せざるをえず、漢字表記になったのは、他の要素が皆漢字であるのに揃えただけだろうと推察される。

*7――『九鬼周造全集』第一巻、三八頁。

*8――九鬼周造「風流に関する一考察」、『九鬼周造全集』第四巻、岩波書店、一九八一年、七四頁。

*9――前掲『九鬼周造全集』第一巻、三九頁。

*10――同右書、三九頁。

*11――同右書、四七頁。

＊12——同右書、六六頁。

＊13——坂部恵『不在の歌——九鬼周造の世界』（ＴＢＳブリタニカ、一九九〇年）に、種々の稿の比較に基づく詳しい考察がある。

＊14——『九鬼周造全集』第一巻、一二頁。

＊15——同右書、四一頁。

＊16——同右書、五三頁。

＊17——同右書、五三—五四頁。

＊18——秋江が本姓「徳田」から筆名「近松」に改めたのはもちろん「近松門左衛門」に倣ったためだが、元禄期に心中物をたくさん書いた近松は九鬼から一顧だにされない。それはむろん、「心中」という行為が、二元的平行を破って無理矢理に一元化を図るという点で「いき」でありえなかったからだろう。

＊19——『荷風全集』第六巻、岩波書店、一九六二年、三二頁。

第6章

「かわいい」か「うつくしい」か——四方田犬彦と「日本美」の現在

1　「かわいい」と「うつくしい」

「かわいい」については詳しい説明は不要だろう。これほど世界で知られた日本語もめずらしい。もちろん、スシ、テンプラ、ニンジャ、ハラキリなどはあるが、それは彼の地にモノとして存在しなかったがゆえに当然で、「かわいい」のように、形容詞で日本から外へ出て行ったものは他に「もったいない」くらいしか思いつかない。

英語ばかりでなく、ロシア語でも中国語でも「かわいい」は今やそのまま音訳されている。「はじめに」で触れた「クールジャパン」戦略のまさに中核をなしているのはこの概念である。アニメであれアイドルであれ、海外が日本の現代文化に熱い視線を注ぐとき、その瞳の奥には「かわいい」が映っている。

しかし、たとえ「かわいい」が彼らにとって〈日本〉のイメージそのものであるとしても、それはきわめて現代的な一部をしか映してはいない。漫画やアニメなどのサブカルチャーが市民権を得たのはさほど昔のことではない。それ以前は、「かわいい」も同様に、日本を代表する美意識などとは認められていなかった。

「かわいい」は若い。これが美的範疇としてまだ十分に成熟したものと言えないのは、「もののあはれ」から「いき」までがすべて名詞化しているのに対し、「かわいい」だけはまだ形容詞のまま用いられているからである。もちろん「かわいさ」という名詞はあるが、用語としては熟していない。あとに見る四方田犬彦の著作名も『「かわいい」論』[*1]である。

また、「かわいい」が現代日本の一部を代表することは否定すべくもないとはいえ、たとえば中世の「幽玄」とはまったく趣を異にしているように見える。老いに近い「わび」や「さび」とは対極にあるとさえ言えるのではないか。

とすれば、この若い美意識は、それまでの〈日本〉と完全に断絶してしまっているのだろうか。「もののあはれ」を底流とした「日本美」から生い出たものでないとすれば、それはどこから来たのか。

たとえば年の瀬にキリストの生誕をことごとしく祝った者たちが、一週間後には神道信者や仏教徒になるこの国で、雑居性・重層性が紛れもない特徴の一つだとすれば、「幽玄」と「かわいい」とが並び立つこと自体は不思議ではないだろう。しかし、雑居において、旧来の住人とあとから越して来た者がいるように、「かわいい」は新参者に見える。「かわいい」はいつどこで生まれ、どうやって「日本美」の一員と数えられるようになったのか。それとも、他の美意識となんらか根で通じるものを持っているのか。

例によって語源から辿ろう。この点については、四方田の『「かわいい」論』に詳しいが、ここでは「美」あるいは「美的範疇」に注目しつつ、いささか異なる角度から考察する。

「かはゆし」は平安時代後期から末頃に「顔映ゆし」を語源として生まれ、江戸時代には「かはいい」へと変化した。語源の文字遣いからわかるとおり、本来の意味は「面映ゆい」ということであり、顔が赤らむほど「気恥ずかしい」という主体の感情を指していた。

そこから相手が「気の毒だ、不憫だ」という意味になり、最終的に相手が「愛らしい」という現在の「かわいい」の意味に落ち着く。こうなれば、「かわいい」は対象の性質だと言ってよいだろう。主体の感情から対象の性質へ、という美的範疇化の途を辿ってはいる。

『広辞苑』でも、「かわいい」の語釈は三つあり、「①いたわしい。ふびんだ。かわいそうだ。②愛すべきである。深い愛情を感じる。③小さくて美しい。」となっている。「クールジャパン」的な見方からすれば、③が中心的な意味であり、②も残っているが、①の意味はほぼないだろう。やはりその意味でも現在の「かわいい」は若い概念と言うことができる。

では③「小さくて美しい」という美意識は「かわいい」以前にはなかったのだろうか。いやあった。『広辞苑』が「かわいい」の語釈の中で使っている「美しい」ということばこそが、われわれが今「かわいい」と言うのとほとんど重なる意味を覆っていた。ここには複雑なねじれがある。「うつくし」と言えば、誰しも思い浮かぶのが『枕草子』の「うつくしきもの」の百五十五段だろう。

うつくしきもの　瓜にかきたるちごの顔。雀の子のねず鳴きするにをどり来る。また、へになどつけてするゑたれば、親雀の虫など持て来てくくむるも、いとらうたし。二つばかりなるちごの、いそぎて這い来る道に、いと小さき塵などのありけるを、目ざとに見つけて、いとをかしげなる指《および》にとらへて、大人などにみせたる、いとうつくし。［中略］
雛《ひひな》の調度。蓮《はちす》の浮き葉のいと小さきを、池より取りあげて見る。葵の小さきも、いとうつくし。何も何も、小さきものは、いとうつくし。*2

「ものづくし」はまだまだつづくが、「雀の子」、「二つばかりなるちご」、「雛の調度」のどれをとっても、今のわれわれの西洋の洗礼をたっぷり受けた「美しい」という感覚とは齟齬をきたす。「何も何も、小さきものは、いとうつくし」は、現代語では「なにもかも、小さいものは、とてもかわいい」とせざるをえまい。傍点部を「美しい」に置きかえることはできない。西洋の「美beauty」には「均整」や「完成」という意味が含まれていたのに対し、たとえば赤子が急いで這い歩くさまはむしろたどたどしく未熟でしかないからだ。

ただし、四方田犬彦を含め、多くの論者が『枕草子』のこの章段を挙げて「小さきもの」＝「うつくし」という等式を立てるが、依田瑞穂によれば、「こうしたとらえ方は『枕草子』に独特の、意外性を強調する表現で」あるという。「うつくし」が「物を形容する例は髪などのほかはまれで、幼い人間に対してだけ使われている」*3。

「うつくし」も、まずは幼い我が子に対する「いとしい」という主観の心情からはじまり、やがて「かわいい」という対象の性質の方に重心を移していく。その点では他の日本の美意識と同じ歩みを辿っている。

ここには、文学作品を例に使う場合につねに注意しなければならない特殊性の問題はあったが、それより重要なのは、「うつくしきもの」と題されたこの章段では、二度ほど「うつくし」の代わりに「らうたし」が用いられていることだ。「労」と「甚《いた》し」が組み合わされてできたこの語は、「完璧」どころか、「いたわってやりたい、かわいそうだ」を意味する。「うつくし」と「らうたし」にはその意味においての互換性があった。これは『枕草子』だけの特殊事情というわけではない。齟齬は西洋との間にばかりあるのではない。「美」という漢字を見れば、その中に「大」という概念が含まれているのが一目瞭然である。[*4] 西洋の 'beauty' も中国の「美」も基本的には「小さきもの」とは関係ない。

しかし、日本語はいつの間にか「うつくし」に「美」の字をあて、さらには 'beauty' の訳語としての地位を与えた。[*5] それによって「小さきもの」に対して寄せられた思いを表現する空間にぽっかり空いた穴を埋めるかのように「かはいい」が滑り込んだ。

『日本国語大辞典』によれば、「かわいい(かはいい、かはゆし)」から「いたわしい、ふびんだ」という意が消え、「愛らしい、小さくてかわいい」という意が主流になるのは近世後期のことだという。一方、「うつくし(い)」はそもそも子どもからはじまり、人間に対してしか用いられなかったが、中世末期から自然美や人工美に対しても言われるようになり、明治になって抽象的な

「美」になった。これが今のわれわれの「美しい」だが、見てきたように語義は変わっても、小さいものに対する平安の「うつくし」の感覚は「かわいい」となってわれわれの中にまだ残っている。

『枕草子』の中には、後世の感覚には必ずしもぴたりと添わない「ものづくし」もある。たとえば「醜」について語った五十二段「にげなきもの」では、身分の低い者の家に雪が降ったり、月の光が洩れ入ったりすることを例として挙げているが、中世的美意識からすれば、これこそが「わび」や「さび」として高く評価されるものだろう。

しかし一方、「小さきもの」に寄せる感覚は今のわれわれのそれとちっとも変わらないのではないだろうか。となれば、「かわいい」は現代に突然ぽっと生まれ出たものではなく、外から輸入されたものでもなく、むしろ日本にずっと一貫して流れていた美意識なのではないか。それは「いき」よりも「わび」、「さび」よりも古い。名前だけは「うつくし」から「かわいい」へと移ったものの、幼き者、小さなものへ寄せる思いの中身はほとんど変わらずにきた。

ただ、そうだとしても、幼い我が子を「かわいい」と思う気持ちが昔から変わらないのはそもそも言うに及ばないのではないか、という疑問が生じる。そしてそれは日本だけでなく、普遍的な思いなのではないか、と。「かわいい」はほんとうに「日本美」と言えるのか、と。さらには、仮にそれが日本に固有の古い美意識であるとしても、他の諸美意識とどういう関係にあるのか、という疑問も残る。

こうした問いに答えるため、「かわいい」の属性を分析しよう。それらはどのような意味で〈日本〉的と言えるのか。

2 「かわいい」の属性

小ささ

「かわいい」を分析したときにまずはじめに挙げられる属性として「小ささ」がある。「かわいい」は西洋的な藝術作品には見出しがたい。精細な仕事はもちろん重宝されるが、細密さは藝術よりも工藝にとっての要素であり、藝術家 artist より職人 artisan に求められる資質である。小さくかわいいものは、大きく立派な藝術品に比べれば一段劣るものなのだ。

一方、日本では小さいものを小さく作るばかりでなく、大きなものも小さく縮めてしまう。それは繊細ではあっても脆弱ではなく、李御寧《イ・オリョン》が言うように、むしろ圧縮されることで強度を増す。*6

あらゆる分野から豊富な例を挙げる李によれば、この「縮み」こそが〈日本〉の最大の特徴である。となれば「かわいい」は〈日本美〉の鬼子どころか、他の美意識にも通じるものであるはずだ。たとえば「わび」は茶の湯、「さび」は俳諧において結晶する美意識であったが、利休の妙喜庵待庵がわずか二畳敷きであること、俳諧の発句が十七文字という世界最短の詩であることを思えば、これらが「小ささ」において「かわいい」とも繋がるものであることがわかる。

また、「小ささ」がすぐれて〈日本〉的なものであるということは、李がそれまでの日本論がたんに西洋のみとの比較に終始していると批判しつつ、日本人の「縮み」志向論を展開したことからも明らかだ。「小ささ」は、欧米との差というばかりでなく、東アジアの中でもきわだつ固有にして根深い価値観なのだ。

李は日本で物を作ること一般に「細工」ということばが使われることに注目している。われわれにはなんら違和感のないことばに李がこだわるのは、「細」の字にもともとあまりよくない意味が含まれるからだろう。「細人」と言えば「心の狭い卑しい人物」であり、「細作」と言えば「スパイ」のことであるが、日本ではあまり使われない。一方、「細君」とは『漢書』が初出の、自分の妻を謙遜して言うときのことばで、つまり「愚妻」「荊妻」のようなものだったが、日本語ではそれほど卑下した語感はない。「細工」は完全に日本で作られたことばであり、「小細工」と「小ささ」が過剰にならないかぎり、ネガティヴな意味はない。

ことばに現れる意識は当然ものにも現れる。たとえば、今でこそ海外から熱い視線を浴び、世界中にコレクターのいる「かわいい」根付たちだが、それはあのような小さな彫刻が他に類を見ないからである。明治時代になると、洋装の発達とともに国内での需要は減るが、一方で西洋に愛好家を見出し、輸出用として作られるようになる。

しかし、足掛け三年の欧米遊学をとおして西洋的な美的感覚を身につけて帰国した彫刻家高村光太郎の目には、根付が「かわいい」愛らしいものとは映らなかった。詩集『道程』の中でも有名な一篇、「根付の国」は、ここに引くのも痛々しい自虐に充ちているが、要は「根付」と「日本」を等号で結び、両者をまとめて卑小なものとして一刀のもとに斬り捨てたものだ。明治四十三（一九一〇）年のことである。

光太郎はその後、太平洋戦争開戦に際して、「十二月八日」という詩で真珠湾攻撃を賛美したのをはじめ、数々の戦争協力詩を発表して大日本賛美を繰り返したが、戦後はそれに対する反省を抱えて七年間を岩手県花巻郊外に蟄居《ちっきょ》した。

このように、「日本」をめぐって大きく左右に揺さぶられる姿は今の目で見ればあまりに単純で無様と言うよりないが、それでも、彫刻に対する美意識はもう少し複雑な変遷を辿る。

ニューヨーク、ロンドン、パリを経巡り、ロダンとミケランジェロの「大きさ」に圧倒されて帰って来たがゆえに、自らの「根付の国」に対する卑下がまずある。日露戦争を経ても、西洋を直に経験した者たちの多くは自己醜悪視に陥った。[*7] 光太郎の場合、その「自己」が親譲りの肉体を越えて、父・光雲から受け継がれるおのれの木彫にまで及んだのだ。

このように、巨大な石像やブロンズ像に憧れた光太郎ではあったが、しかし結局は有名な「鯰《なまず》」や「蟬」に戻ってゆく。とりわけ「蟬」に対する思いは深く、「蟬を彫る」という詩や「蟬の美と造型」という評論を残している。後者で光太郎は言う。

木彫ではこの薄い翅の彫り方によって彫刻上の面白さに差を生ずる。この薄いものを薄く彫ってしまうと下品になり、がさつになり、ブリキのように堅くなり、遂に彫刻性を失う。これは肉合いの妙味によって翅の意味を解釈し、木材の気持に随って処理してゆかねばならない。多くの彫金製のセミが下品に見えるのは此の点を考えないためである。すべて薄いものを実物のように薄く作ってしまうのは浅はかである。丁度逆なくらいに作ってよいのである。[*8]

光太郎の目は蟬のような小さなもの、しかもその翅のようなはかないものへと向かってゆく。しかもそれを彫るにあたっては、たんなるリアリズムによる再現ではなく、強さを増すような工夫＝細工をしており、素材は石や青銅ではなく木へ帰っている。誰もが知る、父・光雲の有名な木彫「老猿」などよりも小さく繊細なものへと向かうのだ。「小ささ」志向はかくも根強い。

●——幼さと媚態

「小ささ」が空間的な属性だとすれば、それを時間に置きかえると「幼さ」となる。「かわいい」

の前身である「うつくし」は、本来は幼い我が子に対する感情を指すことばであった。「幼さ」とは未熟の謂いでもあろう。成熟がおそらくどこの社会でも普遍的に認められる価値だとすれば、本来未熟は反価値のはずである。しかし、「うつくし」から「かわいい」への系譜の中ではむしろ成熟＝完成は忌避される。そしてこれは言うまでもなく、《不完全》という「日本美」の基本的な三要素の一つへと直結している。

小さなもの、繊細なものが愛でられるのと同様に、いまだ完全に成熟を遂げていないものの、未来に開花の予感を持ちながらもまだ充分に咲き誇っていないものにこそ、価値が置かれるという事態が、日常生活のいたるところで見受けられるからだ。日本人とは、人に花を贈るのに蕾を好んで贈る民族であるとは、しばしばいわれるところである。[*9]

花という万国共通であろう「美」を、しかし日本人はあえてまだ咲かぬ「蕾」において愛するという。ただ、「花は盛りに……のみ見るものかは」という兼好法師（『徒然草』百三十七段）のことばは、咲く前だけでなく散りはじめてからも含まれよう。必ずしも未成熟ばかりでなく、盛りを過ぎたものにも「美」が見出されるが、いずれにせよ《不完全》という契機が一つの価値として《積極的に受容》される。

「失敗をする女の子は、一分の隙も見せない女の子よりもかわいいと考えられている」と四方田は言う。[*10] これを自ら意識的に用いることは一種の「媚態」である。「かわいい」についてまず否定的に論及したのは上野千鶴子だった。それは、女性の生存戦略としてずっと採用されてきた「媚態」であるというのだ。[*11]

ここでわれわれは思い出さずにはいられない。「媚態」こそ、九鬼周造が「いき」を構成する三要素のうち中心に置いたものであったことを。「いき」はもともと男に対して言われたことばだったが、のちには女にも使われるようになった。「かわいい」は女が男に対して見せるものだと上野は言うが、今では男も積極的にその価値を利用しようとしている。

その点で、「かわいい」は「日本美」の属性のうち、《不完全性》とその《積極的受容》をも満たしていると言える。

性差に関係なく見せる「媚態」という点で、「いき」と「かわいい」には共通項があると言えるが、それだけでなく、ただの「媚態」と異なるところがあることにおいても通じるものがある。「媚態」が「コケトリー coquetterie」や「セクシー sexy」と重なるとすれば、その中心には性的関係の完成という目的があるだろうが、「いき」には「意気地」によって、「かわいい」には「未成熟」によってそれを拒否する側面があるからだ。

ただし、「意気地」は「かわいい」には無縁だろう。残る「諦め」も、少なくとも「いき」におけるそれとは異なるものだ。「いき」の「諦め」は関係が成立しないことに対してだったが、「かわいい」にもしなんらか「諦め」が伴うとすれば、それはいずれ成熟してしまうことに対してだからである。

いずれにせよ、ここには《不完全性の表現》とその《積極的受容》があると言えるが、「いき」があくまで「諦め」という《受容》に軸足を置いているとすれば、「かわいい」には《積極的》という要素の方が強い。諦めつつも受け入れる、というレベルでなく、「未熟」そのものを価値へと転じているからだ。

●——対象から主体へ

もう一つ、「いき」と「かわいい」とに共通するものがあるとすれば、それは両者ともに、対象のなかに見出すばかりでなく、積極的に自分自身が身につけようとする価値である、という点である。「かわいい」を愛する者は、たいてい「かわいい」ものたちで自分自身や自分の部屋をとり鎧う。

身の回りをそれで埋め尽くすことができるのは、「かわいい」ものがたいていは「小さきもの」だからであるが、そのなかに埋もれることで主体／対象間の懸隔もとりはらわれる。与謝野晶子や九鬼周造が桜に浸り感じたのとよく似た、自己の輪郭が溶け出し、また美が周囲へと滲みわたるような感覚だ。「日本美」の属性の一つである、《主客未分》である。

篠原資明は、「かわいい」の特性は彫刻より人形によく現れるとしている。それは、「人形は着せる欲望を受け入れるのに対して、彫刻はその欲望を拒む」からである。[*12] また、「人形は、着せられるものであるほかないというその根源的受動性によって、人間の衣服内存在の原点を映し出しもする」[*13]。

「衣服内存在」とは、人間が他の動物と異なり、衣服に身を包むことなく世界に直接晒されるわけにはいかないという「根源的受動性」を帯びたもののことを言う。人形はその意味で、人間をより小さくより無力にかたどることによって、「根源的受動性」の自覚を強めさせる。彫刻は自立した対象だが、人形はたんなる鑑賞物ではなく、われわれの分身である。われわれもまたかつて「小ささ」と「幼さ」において着せられて守られることでしか存在を維持できない「根源的受動性」を抱えていたからである。

「かわいい」、「うつくし」はもともと幼い我が子に対してその未熟さをいたわしく思うことからはじまっていたが、その未熟さは当然かつての自分の姿でもあった。人形は「かわい」さによってそのことを思い起こさせる。そのとき「かわいい」は、対象の性質であり主体の感情であるばかりでなく、その対象が主体でもあるという未分の状態を現出させる。

「かーわーいーいーいー!」と身をよじらせながら叫ぶ少女たちは、その対象がなんであれ、そこに「かわいい」を見出せる自分自身の感性とその発見に歓喜する自分自身の姿もまた「かわいい」ものであることを信じ、周囲の人間にもアピールしている。こうした「かわいい」は対象から主体を通じて周囲へと広がってゆくのだ。

「かわいい」を愛することは、「かわいい」に取り囲まれたい、ひいては自分が「かわいい」くなりたいということと限りなく接近する。「誰かを「可愛い」と呼び、その「可愛さ」を信じることのできる者だけが、真に「可愛い」に到達できる存在である」し、「かわいい」について読み、語る者が「かわいい」のだと四方田も言う。[*14]

なにしろ四方田自身が、『「かわいい」論』の裏表紙にある著者近影に、プリクラによって瞳の中を星でキラキラに加工したものを用いて「かわいい」を実践して見せているのだ。「かわいい」は感染する。

●――グロテスク

出版時に五十歳を優に超えていた四方田が「かわいい」を目指すのは無理があると思われるかもしれない。たしかに、「かわいい」の重要な契機であるところの「幼さ」は望むべくもない。しかし、四方田によれば、「小ささ」や「幼さ」だけでは「かわいい」を十分に語ったことにはならない。「グロテスク」という要素を欠かすわけにはいかないのだ（四方田の著者近影がグロテスクだと言っているわけではない。ただ、四方田の論に従えば、この写真にも当然グロテスク要素が含まれていなければならず、当然そのことを意識した上で掲載しているに違いない）。

この「グロテスク」を必要条件として加えたところに四方田の卓見が光る。「かわいい」のなかに「きもかわ」というサブジャンルがあるのではなく、「かわいい」は本質的に「きもかわ」だというのだ。

たしかに、子どもであれ、アニメのキャラクターであれ、「かわいい」ものは、そのまま拡大したり、三次元的現実に呼び込んだりすればたちまちその「グロテスク」さを露わにするに違いない。西洋的な狭義の「美」が大きさや均整と結びついているとすれば、「かわいい」は小さく幼いがゆえに一時的に許されている不均衡のことである。

しかし「かわいい」が裡に「グロテスク」を隠し持ちつつも、「グロテスク」とは異なり正の価値を帯びるのは、「かわいい」の未熟さがかつて自らのものでもあった以上、同情を呼ぶからである。

この点、四方田は「美は人をして畏敬と距離化へと導くが、グロテスクは同情を喚起する」と言い[*15]、「美」と「グロテスク」を対比させるが、「グロテスク」はそれだけでは忌避の対象だろうから、ここは「美」と「かわいい」とすべきである。

ただ、いずれにせよこの「同情」が先に挙げた《主客未分》の状態を生み出すことに一役買っていることは間違いない。たとえばわれわれが捨て猫を見て「かわいい」と思うとき、それは「猫がかわいそうで「かわいい」なのではない。それを見つめる人間の眼差しがかわいそうで、すべてを「かわいい」の色調に染め上げてしまう力に満ちている」からである。[*16]

こうした属性を見てくると、「かわいい」がまぎれもなく「日本美」としての契機を十分に具えていることがわかるだろう。「未熟」という意味で《不完全》であり、それを「媚態」という武器として用いるという意味で《消極性の積極的受容》であり、対象の中に見出すばかりでなく自分もまたそうあろうとする点で《主客未分》でもある。

李御寧は、日本文化の特徴を、縮ませることにより強めることに見たが、たしかに「かわいい」は小さくはかなげでありながら、強いところを持っている。「未熟」はいやでもいつか「成熟」に辿りついてしまうはずだが、「かわいい」を求めるものたちはその自然の摂理を無視したかのように永遠の少女／少年でありつづけようとする。かつて「かわいい」は、大人になれば、自分にはもとより、対象の中にもあまり積極的に求めるべきではない価値であったのだが。ここには大人にならないことを許容する社会の変容が関係しているが、しかし、それは受容の程度の問題であり、本質的には日本は「かわいい」を古来認めつづけてきたと言えるだろう。

四方田は「かわいい」が世界を席捲している現状に関して、「かわいい」が日本から伝播したのか、それとも世界各地に潜在していた「かわいい」の芽を日本が芽吹かせたのかについての結論を留保している。しかしここまで見てきたところによれば、少なくとも「かわいい」はやはり日本固有の美意識であったということができる。

これが「わび」や「幽玄」や「いき」とは違って、世界で広く速く広まったことに関しては、たしかに「かわいい」に類する美意識が各地に潜在していて、それが〈日本〉が契機になって発現したという見方もありうる。

しかし、伝播なのか、それとも潜在していたものの発現なのかという二者択一にこだわる必要はないだろう。「かわいい」と全く同じ美意識はよそに見当たらなかった。だから「かわいい」はその単語とともに広まりを見せている。しかし完全な伝播ならこれほど迅速には伝わらなかっただろう。近しい意識は潜在していたに違いない。

註

＊1――四方田犬彦『「かわいい」論』、筑摩書房、二〇〇六年。

＊2――清少納言『枕草子』、『日本古典文学全集』第十一巻、小学館、一九七四年)、二九八―二九九頁。

＊3――依田瑞穂「うつくし」、大野晋編『古典基礎語辞典』、角川学芸出版、二〇一一年、一九一頁。

＊4――美」がたんに家畜としての「羊」の見た目の立派さを言うのか、それとも「羊」という犠牲獣を捧げる際の自己犠牲の大きさという精神的な価値をも示すのか(今道友信『美について』、講談社、一九七三年)についてはここでは問わないが、いずれにせよ、「大」なることが価値であるということは変わらない。

＊5――「うつくし」が「美」や'beauty'と結びつくに至るまでには、「いとしい」、「かわいい」から、「汚点がなくきれいだ」という意を経由する。

＊6――李御寧『「縮み」志向の日本人』、学生社、一九八二年。

＊7――眞嶋亜有『「肌色」の憂鬱　近代日本の人種体験』、中央公論新社、二〇一四年。

＊8――『高村光太郎全集』第五巻、筑摩書房、一九五七年、二〇五頁。

*9——四方田、前掲書、一二二頁。
*10——同右書、五四頁。
*11——上野千鶴子『老いる準備——介護すること/されること』、学陽書房、二〇〇五年。
*12——篠原資明『まず美にたずねよ　風雅モダンへ』、岩波書店、二〇一五年、一一一頁。
*13——同右書、一一一頁。
*14——四方田、前掲書、一四八—一四九頁。
*15——同右書、八六頁。
*16——同右書、八六頁。

終章

美しくあいまいな日本

川端康成と大江健三郎の〈日本〉

●――「美しい日本」とはなにか

一九六八年、日本人としてはじめてノーベル文学賞を受けた川端康成は、作家個人というより〈日本〉を背負ってそれを押し戴いた。並みいる燕尾服の間にひとり羽織袴で授賞式に出席し、受賞記念講演として「美しい日本の私」を語ったのだ。

川端自身、受賞の理由を、「美しい日本」を描いたからだと思っていた。講演のなかでとりあげた自作は『千羽鶴』で、それは茶の湯の世界を（ただしその近年の堕落をも含めて）舞台としたものだった。

では、川端自身がイメージした〈日本〉とはどのようなものだっただろうか。

まず、タイトルの「美しい日本」という部分だが、前にも述べたとおり、固有名詞を修飾する形容詞は基本的に限定用法ではなく叙述用法なので、「日本」に「美しい」部分とそうでない部分とがあって、ここではその「美しい」部分をトピックとする、という意味ではなく、「日本」＝「美しい」を意味していると思われる。

そのことは、この講演を英訳したサイデンステッカーが「美しい日本」を'Japan, the Beautiful'としている[*1]ことにも明らかだ。'Beautiful Japan'としないことにより、「日本」と「美しいもの」とが同格であるという解釈をはっきり示している。

岡倉天心から半世紀以上を過ぎ、醜悪な大戦争を跨ぎ、国が焦土となっても、川端にとって依然〈日本〉は美の国であった。美は日本のアイデンティティを成す。講演のなかで川端はひたすら「日本美」を語る。それ以外のことは語らない。川端個人の文学はそのなかに溶け入っている。「日本美」を代表するのはやはり「茶道」であり、その「根本の心」は「雪月花の時、最も友をおもふ」ことである。*2

四季折り折りの美に、自分が触れ目覚める時、美にめぐりあふ幸ひを得た時には、親しい友が切に思はれ、このよろこびを共にしたいと願ふ、つまり、美の感動が人なつかしい思ひやりを強く誘い出すのです。この「友」は、広く「人間」ともとれませう。また「雪、月、花」といふ山川草木、森羅万象、自然のすべて、そして人間感情をも含めての、美を現はす言葉とするのが伝統なのであります。*3

これまで幾度となく見てきたとおり、ここでは「日本美」の属性としての《主客未分》の感動が語られている。対象としての「自然のすべて」ばかりでなく、主体としての「人間感情をも含めて」「美を現はす言葉とするのが伝統なのであ」る。そして美の感動は「友」や他の「人間」すべてにまでじわじわと浸潤してゆく。与謝野晶子や九鬼周造の祇園での桜体験が思い出される。

この美が対象の性質とは言い切れず、主体の「感情をも含めて」しまっている以上、「美」と「美意識」の区別はできない。分析的に見れば、これは「美」でも「美意識」でもないということになろう。たとえば次のような「美」を、からごころや西洋的な美学で「美」と言い切ることができるだろうか。

僕がいつ敢然と自殺出来るかは疑問である。唯自然はかういふ僕にはいつもよりも一層美しい。君は自然の美しいのを愛ししかも自殺しようとする僕の矛盾を笑ふであらう。けれども自然の美しいのは、僕の末期の眼に映るからである。*4

川端が講演のなかで引いた唯一の現代作家の文章、芥川龍之介の遺書の一節である。死を決意した者の眼に映る自然は美しい。

しかし、このようなある種の極限状況にある主観が生み出す美をはたして「美」と言ってよいのだろうか。もし美の基準が主体の感情にのみよるのであれば、それはたんに好悪の問題であってあえて「美」ということばを持ち出す必要はない。

だからここには個人の主観を超えた共感の契機が残されているはずだ。少なくとも川端はこの芥川に共感し、自らの有名な随筆の一篇を「末期の眼」と題したし、この講演のなかでも同様に死と美や藝術とを不可分のものとして結びつけた他の人間の例を挙げている。

ただ川端は、こうした死に対する考えは、西洋のそれとは違っているだろうとも述べ、こうした「日本美」のあり方が、講演の直接の聴衆である西洋の人々には理解され難いだろうことも付け加えている。

そしてこれ以上は説明しない。おそらくできない。川端が「美」という西洋語から外へ出ようとしないかぎりは。それで、講演は聴衆にとってもっとわかりやすいであろう「日本美」の他の属性へと話頭を転ずる。

西洋の庭園が多くは均整に造られるのにくらべて、日本の庭園はたいてい不均整に造られますが、不均整は均整よりも、多くのもの、広いものを象徴できるからでありましょう。[*5]

《不完全性》が「日本美」の属性であることは、当時の聴衆にもよく理解されたであろう。

さらには「日本の美を確立しましたのは」「平安文化」のときだと言うが、「平安文化一般が宮廷のそれであり、女性的である」というのは、本居宣長が「やまとごころ」を女性的だとしたのに通じる認識である。[*6]

しかもそれは平安とともに終わったわけではない。武家の政治に移っても、「天皇制も王朝文化も滅び去ったわけではなく」、たとえば『古今和歌集』の「歌法」は「妖艶・幽玄・余情を重んじ、感覚の幻想を加へ、近代的な象徴詩に通ふ」というのだ。[*7] 一度確立されたものは次のものが来ても生き残るという**重層性**を指していると言える。川端も、天心と同様に、〈日本〉を語る際に禅などの中国起源のものを排除しない。それは日本に十分取り込まれ、〈日本〉の一つの「層」を成しているのであり、その**重層性**こそが「日本美」の特徴なのだ。

●——「あいまいな日本」

しかし、そうした**重層性**を丸山眞男は「雑居性」と呼び、批判していた。

川端につづいて一九九四年に日本人二人目となったノーベル文学賞受賞者、大江健三郎も基本的に丸山と同じ側に立っている。彼の受賞記念講演「あいまいな日本の私」は言うまでもなく、川端の同講演のタイトルをもじったものである。

大江によれば、川端の講演は「きわめて美しく、またきわめてあいまいなもので」[*8]あった。この「あいまい」にはカタカナで「ヴェイグ」とルビが振られている。タイトルからして、ここでは意識的にあいまいさが択びとられているというのだ。

サイデンステッカーによる英訳のタイトル全体は'*Japan, the Beautiful, and Myself*'であった。大江の指摘通り、'and'は「美しい日本の私」の助詞「の」の訳としてはおかしい。所有や同格を表わすことはあっても、並列を示すのに「の」は用いられない。

もちろん、川端が全幅の信頼を置いていたサイデンステッカーがそんなことを知らないはずもなく、しかしこれをどうしても'in'や'of'で訳すことに抵抗を感じたのだろう。「私」がそのまま「日本」へと滲出し拡大するような感覚が英語話者には理解しがたいと感じたに違いない。しかし、先に見たとおり、川端によれば「日本美」はそれに触れた者の感動を「友」から「人間」へと広げてゆくものだった。それこそが「美しい日本の私」というタイトルの意味であった。

そしてまたそれこそが大江の批判するところでもある。

右のタイトルのもとに、川端は、日本的な、さらには東洋的な範囲にまで拡がりをもたせた、独自の神秘主義を語りました。独自の、というのは禅の領域につながるということで、現代に生きる自分の心の風景を語るために、かれは中世の禅僧の歌を引用しています。しかも、おおむねそれらの歌は、言葉による心理表現の不可能性を強調している歌なのです。閉じた言葉、その言葉がこちら側につたわって来ることを期待することはできず、ただこちらが自己放棄して、閉じた言葉のなかに参入するよりほか、それを理解する、あるいは共感することはできないはずの禅の歌。*9

これは、川端に限らず「日本美」全体に言えることでもある。それを確固とした主体を残したままで理解しようとしてもできず、共感のためにはある種の「自己放棄」を要求するような類の美である。《主客未分》が主要な属性なのだから当然のことではある。

しかし、大江はこれが無反省の態度を生むことを懸念している。先ほど「あいまい」に振られたルビ「ヴェイグ」は、あらためて「アンビギュアス」と言い換えられ、前者が「ぼんやりした」という輪郭のあいまいさを示すのに対し、日本人の態度は後者のような「どっちつかずの」あいまいさに近いと言う。

これは**重層性**のことであろうが、しかし大江によれば、日本人は異なる二極の間で引き裂かれているのだ。旧い日本と新たに入ってきた西洋との間で引き裂かれ、そこで進退窮まったがゆえに戦争というとりかえしのつかない悲惨を生んだ。道徳的な面での「あいまいさ」=「どっちつかず」は、求めるべき価値とは言えない。

もちろんここで大江は、日本を外から見て一方的に批判しているのではない。むしろ自己を含めた反省である。それは講演のタイトルが「あいまいな日本の私」であることからもわかる。「私」もその一員であるというばかりでなく、あの西洋語に翻訳しがたい「の」という助詞をわざわざ残してある。

大江は、文化や美においては**重層性**を価値あるものとしていた。たとえば日本文化について語った別の講演で、『源氏物語』「少女」の巻を挙げる。そこでは、光源氏が息子夕霧の教育に関して「なほ才《ざえ》をもととしてこそ、大和魂の世に用ゐらるゝかたも強うはべらめ」と言う。「才」とは言うまでもなく「漢才《からざえ》」であり、「中国の学問があってはじめて、日本人としての才幹も役に立つのだと、太政大臣、つまり時の首相がいっているのです[*10]」。「大和魂」は近代になって歪められて危険なことばになったのだ。

しかし日本文学においてはじめて用いられた「大和魂」という言葉は、女流作家、紫式部によるものだった、ということに注意していただきたいと思います。「大和魂」の初出例は、右のようなコンテクストにおいてなのです。私はここで用いられている「大和魂」という言葉が、アリストテレスにおける sensus communis つまり「共通感覚」という言葉に近かったはずだ、と考えています。

知的な力、感情、また想像力的なもの、そのような人間の心の動きの根本に、いわばそれらのメタ・レヴェルの力として、「共通感覚」があると sensus communis をあらためて定義しましょう。日本人固有の「共通感覚」について、紫式部は「大和魂」といっているのです。

「大和魂」は大切だ、日本人として固有の「共通感覚」が人間の行動を決定する。しかしその基盤に、知的な力をやしなうものとして、「才」がなければ、それは現実的に有効には働かない。中国の学問が基盤になければ、日本人の「共通感覚」も、ものの役に立たない。だから息子を大学で勉強させるのだ、と源氏はいっているのです。[*11]

長い引用になったが、あいまいな「日本美」になんらか結論を得るために示唆するところが多い。

本居宣長において〈日本〉とは「もののあはれ」の国であり、それは「やまとごころ」とほぼ同じものを指していた。「女性」的なものであり、「もの」に触れて心の感《うご》くとき、その対象の性質でもあり主体の感覚でもあるものだった。「もののあはれ」はどちらかといえば前者を強調し、後者を強調すれば「やまとごころ」になる。

宣長はこれが主客を分離する分析的な「漢才」、「からごころ」と異なるものだと言ったが、しかし『源氏物語』の「大和魂」は既に「漢才」を含んでいた。心の感くのがたんなる個人の主観にとどまらず、客観性を持った「美」に近づくために、つまりなんらか「共通感覚」となるためには「知的な力」を養う一種の感情教育が必要なのであり、源氏の時代にはそれが漢才であった。

学究生活の半ばを『源氏物語』に捧げた宣長がそのことを知らなかったはずはない。宣長自身、学問を漢学からはじめているのだ。その知識がなければ「やまとごころ」を「からごころ」から分けることもできなかったし、そもそもそうやって「分ける」という発想自体が、宣長の言う「からごころ」の特徴であった。

「日本美」を考える際に、なにかを排除する必要はない。むしろ根底にある《主客未分》、《不完全性》、《消極性の積極的受容》という諸属性がそれぞれの美意識において具体的にどのように発現しているのかを見つつ、さまざまな美がどのように**重層**しているのかを考えることが「日本美」を探ることであった。そしてまた、なによりそのようなかたちで「日本美」が**日本のアイデンティティを形成する**までに重要な位置を占めているということ。

バブル崩壊以来、一向に自信を取り戻せないでいるわれわれが、〈日本〉を見出そうとあちこちを訪ね、ただ苦し紛れに「美しい国」を唱えたとしても、そこには不安と混乱しか生まれないだろう。とりわけ、内実をよくたしかめないままの「美しい国」は、かつてのようにまったく誤解された「大和魂」と結びついて抑圧と排他性を強めてしまうかもしれない。しかし、「日本美」の持つ**重層性**は、外からのものをどんどんとりこんでわがものと併存させていくはずである。「美の日本」は、寛容の国でもある。

先人たちが深く思いを巡らせてきたところを見れば、たしかに〈日本〉は「美」とともにあり、「美」そのものと言うことができた。それは時代に応じてかたちを変えながらも、基本的属性においては共通するものをもって、古代から現代を貫いてきた。

西洋的なそれとは少しずれながらも、「美」や「美意識」ということばを使ってきたし、今のわれわれが理解するにはそうするしかなかったが、これによって「あいまい」さに対する批判がいささかでも解消され、「美しい日本」によって西洋的な「美」の可能性がその範囲を広げられたなら、われわれの努力は報われたことになる。

註

＊1——Yasunari Kawabata. 'Japan, the Beautiful, and Myself', translated by Edward G. Seidensticker（川端康

成『美しい日本の私——その序説』、講談社、一九六九年、所収）
＊2——同右書、一一頁。
＊3——同右書、一一頁。
＊4——同右書、一七頁。
＊5——同右書、二五頁。
＊6——同右書、三一頁。
＊7——同右書、三二頁。
＊8——大江健三郎『あいまいな日本の私』、岩波書店、一九九五年、四頁。
＊9——同右書、五頁。
＊10——大江健三郎「北欧で日本文化を語る」、同右書所収、一七二頁。
＊11——同右書、一七二頁。

あとがき

個別具体の「日本美」についてはずいぶん前から関心を持ちつづけてきたと思う。中高一貫男子校に茶道部を新たに作ったのは優に三十年以上前のことだし、修士論文でいけばなをテーマにしたのも四半世紀前になる。茶道の師であった乾宗愛先生も、修士論文を指導してくださった今道友信先生ももう鬼籍に入られた。しかしその間、不肖の弟子はこちらの方面の思索をなんら深めることなく過ごしてしまっていた。

いけばなについては、その後、フラワーアレンジメントなるものが盛んになり、見るも無残な花の死骸が溢れかえるようになったため、日本のいけばなについて考えをいささか進めるところがあり、今道先生が編集代表をしておられた『日本の美学』という雑誌にいつか投稿しようと心の片隅で思ってはいたが、この雑誌も既に今はない。

それが、「日本美」について再び考えることになったのは、「日本文藝思潮史」という通年の講義を担当する機会を専攻から与えられたからだが、さて、と腕組みした。概論や通史ほど試される授業はない。文藝思潮といっても近代以降ならまだしも、それ以前は自分の浅学ではあまりに抜けているところが多すぎる。それでもなにか一本筋を通そうというなら、専門に引きつけて「美」の思潮でやるしかない。

それで、日本の代表的な美的範疇と言われるものを一つずつとりあげていくことにした。ただし、必修科目で概念論をずっとやられては学生たちの昼寝の時間を増やすだけだと思ったし、あくまで「文藝思潮」という枠組みなので、とりあげる具体的作品を基本的には文学に限定した。「幽玄」の回には能のシテ方の役者を呼んで実演もしてもらったりしたが、つまり広い意味での文学であり、美術や音楽や茶道華道は除いたということだ。

しかし、勝手知ったる茶道華道という具体性を離れて考えねばならないという苦しい状況で、かえってなんとなくわかったつもりになっていた「わび」などの概念がすっきり見えてきたところがある。授業では和歌を中心に具体的作品をもとに考えたが、こちらも具体性を外した方が見えやすい部分もあった。

一年を通してまず気づいたのは、一見対極にあると思われる「もののあはれ」と「かわいい」に実は通ずるところがあるということであり、「もののあはれ」の要素は他の美的範疇にもあてはまるということであり、そしてそれは西洋の「美」とは相容れない部分があるということだった。これが「日本美」の根幹にある、という発見であり、さらには内外の多くの人が「日本」の固有性を語るときに、実は意識的、無意識的を問わず、これを引き合いに出しているのではないかということだ。

講義を終えてその思いを強くしていたところに、明治大学出版会の須川善行さんと企画についてお話しする機会があった。それでこの話をしたところ、リバティブックスの企画として応募するよう勧めてくださり、企画段階や草稿の審査を経てこのたび上梓することができた。右にお名前を挙げたすべての方々に加え、勉強の機会を与えてくれた明治大学文学部文芸メディア専攻、講義を受け、とりわけあとでノートを貸してくれた学生、この企画に際し査読してくださった先生方、明治大学出版会の皆様、そして草稿段階で目を通し、校正ばかりでなく貴重な意見を下さった、東京大学大学院博士後期課程で美術史を学んでいる玉生真衣子氏に、この場を借りて心より感謝申し上げたい。

伊藤氏貴（いとう・うじたか）
1968年千葉県生まれ。明治大学文学部文芸メディア専攻准教授、文芸批評家。早稲田大学第一文学部文芸専修卒業。日本大学大学院修士課程修了。1998年「告白の文学性、あるいは文学の告白性——近代日本文学を中心に」で芸術学博士（日本大学）。明治大学専任講師を経て、2012年より現職。2002年、「他者の在処」で、第45回群像新人文学賞評論部門受賞。著書に、『告白の文学』（鳥影社）、『奇跡の教室：エチ先生と『銀の匙』の子どもたち』（小学館）。

明治大学リバティブックス
美の日本
「もののあはれ」から「かわいい」まで

2018年3月15日　初版発行
2021年1月15日　第2刷発行

著作者……………伊藤氏貴
発行所　　　　　明治大学出版会
〒101-8301
東京都千代田区神田駿河台1-1
電話　03-3296-4282
http://www.meiji.ac.jp/press/
発売所……………丸善出版株式会社
〒101-0051
東京都千代田区神田神保町2-17
電話　03-3512-3256
http://pub.maruzen.co.jp/
ブックデザイン………中垣信夫+中垣呉
印刷・製本…………モリモト印刷株式会社

ISBN978-4-906811-23-6 C0095

新装版〈明治大学リバティブックス〉刊行にあたって

教養主義がかつての力を失っている。
悠然たる知識への敬意がうすれ，
精神や文化ということばにも
確かな現実感が得難くなっているとも言われる。
情報の電子化が進み，書物による読書にも
大きな変革の波が寄せている。
ノウハウや気晴らしを追い求めるばかりではない，
人間の本源的な知識欲を満たす
教養とは何かを再考するべきときである。
明治大学出版会は，明治20年から昭和30年代まで存在した
明治大学出版部の半世紀以上の沈黙ののち，
2012年に新たな理念と名のもとに創設された。
刊行物の要に据えた叢書「リバティブックス」は，
大学人の研究成果を広く読まれるべき教養書にして世に送るという，
現出版会創設時来の理念を形にしたものである。
明治大学出版会は，現代世界の未曾有の変化に真摯に向きあいつつ，
創刊理念をもとに新時代にふさわしい教養を模索しながら
本叢書を充実させていく決意を，
新装版〈リバティブックス〉刊行によって表明する。

2013年12月
明治大学出版会